鄂尔多斯史海钩沉

鄂尔多斯史海钩沉

高毅　王志浩　杨泽蒙　编著

文物出版社
北京·2008

责任编辑　杨新改　李　红
装帧设计　李　红
责任印制　张道奇

图书在版编目（CIP）数据

鄂尔多斯史海钩沉/高毅，王志浩，杨泽蒙 编著. – 北京：
文物出版社，2008.9

　　ISBN 978-7-5010-2508-4

　　Ⅰ. 鄂…　Ⅱ. ①高…　②王…　③杨…　Ⅲ. 鄂尔多斯市 – 地方史
Ⅳ. K292.63

中国版本图书馆CIP数据核字（2008）第090774号

鄂尔多斯史海钩沉

编　　著	高毅　王志浩　杨泽蒙
出版发行	文物出版社
地　　址	北京东直门内北小街2号楼
邮　　编	100007
网　　址	www.wenwu.com
邮　　箱	web@wenwu.com
经　　销	新华书店
印　　刷	北京盛天行健印刷有限公司
版　　次	2008年9月第1版
印　　次	2008年9月第1次印刷
开　　本	787×1092　1/16
印　　张	17.5
书　　号	ISBN 978-7-5010-2508-4
定　　价	198.00元

目录

006–007		前言
008–013	第一章	鄂尔多斯溯源
014–043	第二章	沧桑变幻探秘
044–063	第三章	揭开远古人类的神奇面纱
064–089	第四章	追寻失落的原始农耕部落
090–109	第五章	破译尘封已久的历史
110–155	第六章	璀璨的草原青铜文明
156–237	第七章	民族汇聚的辽阔舞台
238–279	第八章	其他

前言

鄂尔多斯，伫立在中国北方的一块古老而神奇的土地。

这里，曾经是地球上最原始的陆地，坚硬、古老的岩石默默倾诉着地球混沌初开期鲜为人知的故事。这里，还曾是一片茫茫的大海，低等生物的石化遗骸，竞相述说着鄂尔多斯古海的腾喧和生物进化史的历程。这里是爬行动物的世界、恐龙家族的王国，漫山遍野、形态各异的恐龙足迹印痕化石，令你目不暇接"恐龙王国"时代的热闹非凡。这里还是哺乳动物的摇篮，它们饱经风霜的身躯里，记录着你急于探寻的一切、一切。

生活在距今14万～7万年前的鄂尔多斯人（河套人），揭开了这块古老土地上人类遥远历史的帷幕，作为亚洲现代人最直接的祖先，他们不仅创造了中国旧石器时代晚期文化的辉煌，而且是远古时代沟通欧亚大陆桥上中西文化交流的先驱，并开启北方草原地区细石器文化的滥觞。步入新石器时代和铜石并用时代，生活繁衍在鄂尔多斯的古代先民，在这块水草丰美、气候宜人的神奇土地上，冉次掀起了鄂尔多斯人类历史的新篇章，为历史悠久丰富多彩的中华文明的形成与发展，立下了不朽的功勋。

4000多年前，"朱开沟文化"的古代先民，面对生态环境向冷、干方向的不断恶化，率先在传统农业经济的基础上，适时改变土地利用方式和经济形态，畜牧—游牧经济逐步形成。这一代表当时生产力发展水平的新兴经济形态的出现，不仅是人类历史上的重大创举，而且拉开了北方游牧民族在中国历史大舞台上活动的帷幕。以狄—匈奴系统为代表的新兴马背民族在广袤的鄂尔多斯大地上，营造了中国北方早期畜牧经济的辉煌，"鄂尔多斯青铜器"以它原生态的草原文化气息、独特的艺术风格和优美的造型而震撼海内外，谱写了中国古代北方文明的恢弘诗章，在中国乃至世界历史上都产生了深远的影响。

公元前306年，"赵武灵王西略胡地至榆中"，把势力范围深入到鄂尔多斯北部沿河地带。公元前304年，秦昭襄王控地北至上郡，鄂尔多斯东南部纳入秦的疆域。秦始皇统一六国后，派蒙恬"将兵三十万北击胡，略取河南地"，为巩固北方的统治，修直道"自九原直抵云阳，堑山堙谷直通之"，并从内地迁来大批移民，垦田耕植，广筑县城。伴随秦、汉封建王朝对鄂尔多斯地区的不断开发，这里不仅又一次掀起了民族汇集的浪潮，同时也加速了社会的发展进程，给鄂尔多斯带来了欣欣向荣的新景象。

魏晋南北朝时期，北方少数民族的不断南迁，使鄂尔多斯地区的民族融合达到空前的境地，为古老的鄂尔多斯注入了新的生机。隋唐时期的鄂尔多斯，既是隋唐王朝的北疆重地，也是与突厥等北方游牧民族联系的纽带，广阔的鄂尔多斯大地上，遗留下大量这一时期的珍贵文化遗存。

唐代后期，吐蕃的强大迫使党项人逐步迁徙到鄂尔多斯南部，并于北宋初期建立了西夏国。鄂尔多斯丰美的天然牧场和先进的农耕技术，为西夏畜牧业和农业生产的迅速崛起发挥了重要的作用，同时也促进了手工业和商业的繁荣发展，从而使西夏国实力大增，雄踞北方，与辽、宋对峙，成为中国北方少数民族中的一朵奇葩。

1227年，成吉思汗率军攻灭西夏，美丽富饶的鄂尔多斯草原从此打上了蒙古族文化的烙印，尤其自明代中后期以来，蒙古鄂尔多斯部伴随着祭祀成吉思汗的"八白室"，一直植根在这块神奇的土地上，逐步形成了别具一格的集蒙古帝王祭祀文化、宫廷文化、传统草原游牧文化于一身的鄂尔多斯蒙古族文化，其源远流长、风格独特的文化内涵，再创草原文化新纪元。

鄂尔多斯高原独特的地理位置，造就了独具特色的鄂尔多斯古代文化，使之成为祖国民族优秀文化的宝库，中华文明历史长河中一颗璀璨的明珠，光彩夺目，熠熠生辉。

【第一章】

鄂尔多斯溯源

黄河中上游流经一块高高隆起的高原，这里地处内蒙古自治区西南部，属西北黄土高原的最北端，黄河在这里沿高原的西部北上，又向东折，然后顺东部南下，形成一个"几"字形的大回旋，正好置高原于一曲之内。历史上，这里曾有过"河南地"、"新秦中"、"河套"等称谓，明朝天顺年间（15世纪中叶）以来，因蒙古鄂尔多斯部一直驻牧在这块水草丰美的土地上，而被习惯上称作"鄂尔多斯"。清朝初期，漠南蒙古归附清廷，清朝政府将鄂尔多斯部划为六旗（后增设为七旗）合为一盟，称伊克昭盟。中华人民共和国成立后，一直沿用此名。2001年2月，国务院批准撤销伊克昭盟设立地级鄂尔多斯市。

鄂尔多（Ordo）为蒙语"宫帐"、"宫殿"的意思，在我国的古代文献中也曾写作斡耳朵或斡鲁多等。大约从唐代的突厥民族开始，活动在北方草原上的众多游牧民族，便把具有"宫殿"性质的"大帐"称为斡耳朵。鄂尔多斯（Ordos），则是蒙古语中斡耳朵的复数形式，即"众多宫帐"之意。据史料记载，早在蒙古汗国时期，成吉思汗便建有"四大斡耳

鄂尔多斯在祖国的位置示意图

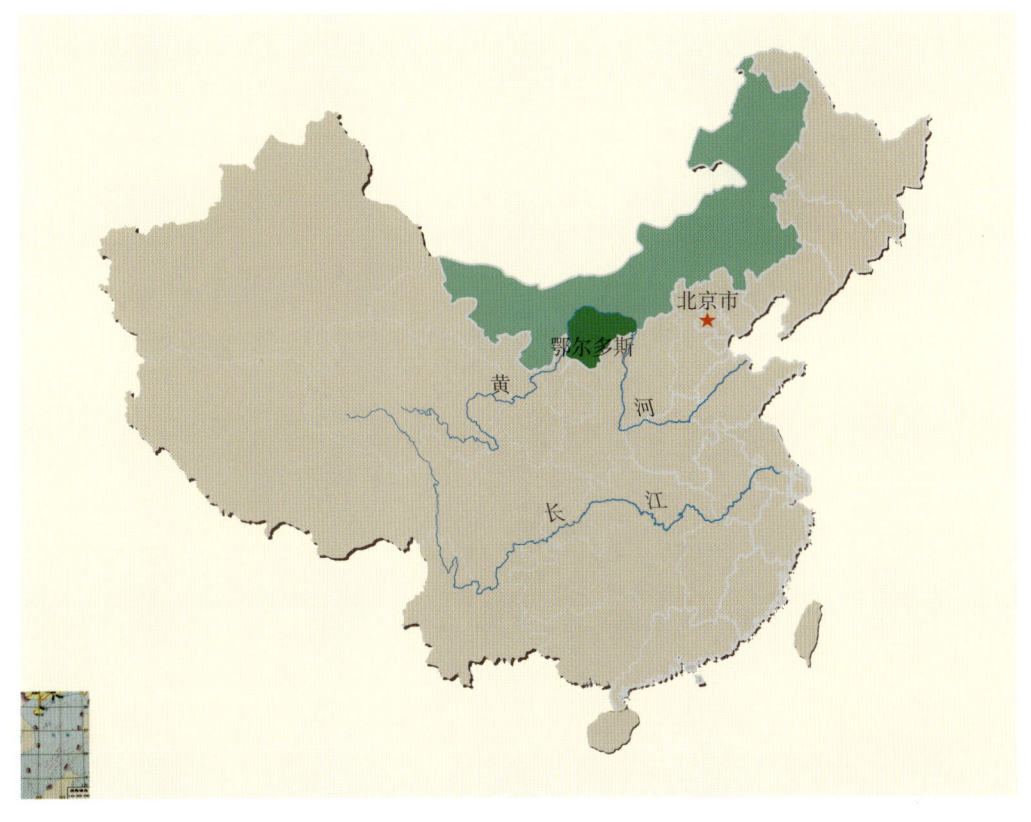

20世纪初成吉思汗祭祀场景（选自旺楚格编著：《成吉思汗陵》，内蒙古人民出版社，2004年）

朵"，为了保卫这些斡耳朵，成吉思汗特意抽调亲信、骨干，组成了一支专司守护之职的贴身卫队，成为蒙古草原上负有特殊使命的组织。成吉思汗逝世后，根据蒙古民族的传统习俗，真身入葬，而将象征成吉思汗灵魂的灵柩、遗像及身前使用的物品等依旧供奉在这些宫帐内，接受人们的四时祭拜，于是这些斡耳朵便成为祭祀成吉思汗的移动陵寝，作为"全体蒙古的总神祇"或"奉祀之神"，相伴在蒙古宫廷左右。守护斡耳朵的组织严格按照祖训世代相承，随着岁月的推移，这个组织的子孙日渐繁盛，便逐渐形成一个庞大的部族集团，鄂尔多斯遂成为这个专职守护成吉思汗陵寝的部族的族名。

鄂尔多斯市位于北纬37°35′~40°51′，东经106°42′~111°27′之间，西、北、东三面被黄河环绕，西南与宁夏回族自治区接壤，西北与乌海市毗邻，北与巴彦淖尔盟市、包头市、托克托县隔河相望，东与清水河县和山西省的偏关县、河曲县以黄河为界，南接陕西省的府谷、神木、榆林、靖边、横山等县。东西长约400公里，南北宽约340公里，面积约8.7万平方公里。历史上的鄂尔多斯所泛指的区域要比现今广泛，还应该包括如今内蒙古自治区巴彦淖尔市的临河市、杭锦后旗、五原县、乌拉特前旗，陕西省的神木、榆林、横山、靖边，宁夏回族自治区的盐池等县、市的部分地区。

鄂尔多斯南部地处黄土高原的最北端，北部属于黄河冲积滩平原，地势由南、北分别向中部隆起，略呈

鄂尔多斯东部丘陵地貌
（摄影：白云飞）

黄河夕照
（摄影：白云飞）

浩瀚的库布齐沙漠
（摄影：白云飞）

两面坡似的屋顶状,境内的河流分别向南、北注入黄河或黄河的干流。鄂尔多斯东部最低处海拔为850米,西部最高处海拔2410米,于东胜至杭锦旗四十里梁一线,形成一条高亢而宽阔的分水岭,东部是山峦纵横、沟壑连绵的丘陵地貌,西部则是一望无垠的荒漠草原,著名的毛乌素、库布齐两大沙漠漫漫横亘南北,延绵起伏的乌仁都希山脉雄踞西端。不同的自然环境和气候,造就了不同的经济形态和不同的文化发展轨

鄂尔多斯西部草原
(摄影：白云飞)

迹，也导致了鄂尔多斯地区古代文化的多样性和复杂性。

由鄂尔多斯向北过黄河越阴山，便进入广袤无垠的蒙古高原，而顺鄂尔多斯南下，便可直达中原腹地，因此，鄂尔多斯地区不仅是连接中原与北方草原的重要通道，也是北方诸族进入中原的跳板。另外，鄂尔多斯三面环黄河，加之北有阴山之天险，西有贺兰山做屏障，所以自古便是兵家必争之地。

【第二章】

沧桑变幻探秘

1. 鄂尔多斯古陆
——鄂尔多斯最早的地貌形态、地球上最早的古陆

地球最初的陆地究竟是什么模样？自从19世纪人类破解了宇宙的本来面目以来，这个问题便一直是困扰科学家的一大难题。在地球诞生的45亿年来，一方面，由于自身不停地旋转运动，加上地壳内部温度、压力的不断变化，大气圈的风化以及海水的不断侵袭等外力作用，使得地球最初陆地表层的古老岩层不断发生变化，剥离破碎，面目全非。而另一方面，火山岩浆喷发、风

乌仁都希山倾斜山脉
巨大的板块挤压作用，使处于断裂带上的这些呈水平分布的地层，开始不断地斜向隆起，并最终呈近乎直立状展现在我们眼前，使得这些原本埋藏在大地深处的古老岩石，得以重现天日。我们正是通过这些难得一见的地球最古老家族透露出的蛛丝马迹，对几十亿年前发生在这块神秘大地上的往事管窥一斑。

沙、洪水等，又不断在老的底层上覆盖新的堆积。因此，能够残留下来的地球上最初的陆地堆积已经十分难得，而要想发现它，那就更是难上加难了。

在鄂尔多斯西部的桌子山地区，科学家们经过多年的艰苦努力，终于发现了一套珍稀的深变质片麻岩系，经中国科学院地质研究所使用铷—锶同位素法测定，确认它的绝对年代为距今36.7亿年，是我国乃至世界上目前已知地质时代最早的古大陆地壳岩层之一。由此可知，在地球刚诞生不久的太古代初期，鄂尔多斯是地球上最原始的古陆之一，科学界将之称为"鄂尔多斯古陆"。地质学家们采用现代化的检测技术，通过对这些古老岩石化学成分的研究，为我们描绘了一幅36亿年前鄂尔多斯地区古地理、古气候的蓝图："当时鄂尔多斯的上空，没有像今天这样蓝湛湛的天空。在初生的原始大气层中，仅有二氧化碳、甲烷、氨、氢等，地面上的氧，还是以氧化物的状态而存在。因此，在原始的鄂尔多斯大陆上，大地上光秃秃的一片，没有生命，更没有碧绿葱翠、色调柔和的景色，到处灰蒙蒙的一片，死一样的沉寂。然而，原始古陆的不断增生，又使鄂尔多斯处在不平静的动荡之中，在这荒凉不毛的大地上，地幔熔融物质不断滚动，地上火山喷发频繁，四处熔岩横流，浓烟滚滚，呈现出造陆的沸腾景观。"（李荣：《鄂尔多斯远古史初探》，见伊克昭盟文物工作站编：《鄂尔多斯文物考古文集》，1981年）

2. 鄂尔多斯古海
——鄂尔多斯地质史上唯一的海洋时期

在强烈的地质运动影响下，到距今约6亿年前的古生代早期，持续了30亿年之久的古陆地壳逐渐下陷，随着海水的不断侵入，海洋面积的不断扩大，鄂尔多斯古陆退出了地球的陆地历史舞台。这是近代科学诞生以来人们逐渐了解到的史实。

"鄂尔多斯曾经有过海洋？"凡是到过鄂尔多斯地区的人们，望着眼前高原隆起、丘陵起伏、荒漠遍布的自然景观，无不发出这样诧异的惊问。科学家们是通过什么来判定，鄂尔多斯这块高高隆起在中国北方大地上的高原，远古时期还曾经是浩瀚海洋的呢？

● 三叶虫——鄂尔多斯大地上时代最久远的生命

三叶虫属于节肢动物门、三叶虫纲。由于三叶虫化石总是与海生的珊瑚、海百合、腕足动物、头足动

三叶虫化石（摄影：巴特尔）

物化石共生，所以可以肯定它们是仅生活在古生代海洋中的动物。

从背部看三叶虫为卵形或椭圆形，体外包有一层外壳，虫体外壳纵分为一个中轴和两个侧叶，故名三叶虫。三叶虫出现在寒武纪早期，距今已有5亿多年的历史，到了晚寒武世发展到高峰，种属和数量都很多，形体大小差异很大，小的仅1毫米，大的近1米。作为当时海洋中的霸主，三叶虫在奥陶纪仍然很繁盛，进入志留纪后开始衰退，至二叠纪末则完全绝灭，它们的灭绝，很可能和鱼类的大量出现有一定的关系。

三叶虫化石是早古生代的重要化石之一，是研究古节肢动物及生物进化以及划分和对比寒武纪、奥陶纪、志留纪地层的重要依据。

角石化石（摄影：巴特尔）

角石化石

● 角石——鄂尔多斯古海中的"霸主"

角石属海生头足类动物，它的形状如同动物的角，有直的，亦有弯的或盘曲状的，具有坚硬的外壳，体长多为20～60厘米，最长的达1米以上。它出现的时间较三叶虫要晚，主要分布在被地质学界称为生命大爆发阶段的奥陶系石灰岩中，是当时海洋中凶猛的食肉动物。我国角石化石资源非常丰富，北方奥陶纪地层中的鄂尔多斯角石、阿门角石、灰角石等都是代表性属种，其中的鄂尔多斯角石，便是以鄂尔多斯首先发现的新种属而命名的。

● 笔石——高等生物的先祖

笔石属于半索动物，又称口索动物或隐索动物，一般身体呈蠕虫状，左右对称，全部生活在志留纪的海洋中。笔石的涌现和繁盛，预示着高等生物的先驱已经出现。

笔石形体大小不一，大的体长50～70厘米或更长，小的仅有几毫米长。它们的种类很多，但都有一些共同的特征。笔石体的一端是一个长锥型的胎管，从这里芽生出一系列笔石虫体居住的胞管，许多胞管接连生长就形成了笔石枝，由一个或多个笔石枝就形成了笔石体。笔石体在海水中漂浮，可以到达很远的地方。

鄂尔多斯发现的笔石化石不仅数量非常丰富，而且出现的也比较早，为研究笔石的系统分类、生态学及其演化等提供了难得的材料。

另外，奇特的棘皮动物海百合、形形色色的软体动物贝壳化石等，也为我们揭秘绚丽多彩的鄂尔多斯古海提供了难得的物证。

正是通过鄂尔多斯西部发现的这些古老的海生无脊椎动物以及其他地质资料得知，从距今6亿年前的古生代早期开始，在造山运动的作用下，来自中国南部的海水首先侵入鄂尔多斯西部地区，形成一个南北向的巨大海湾，并不断向东扩展，在以后1亿多年的时间里，鄂尔多斯便成为海洋的世界。由于属于浅海区，阳光和氧气充足，所以海生无脊椎动物得以迅猛发展，鄂尔多斯从此拉开了生物进化史的帷幕。当时的动物主要有三叶虫、笔石、角石及各种腕足类、腹足类、瓣鳃类和海百合等。门类众多、空前繁盛，它们形态各异、色彩缤纷，鄂尔多斯古海呈现一派绚丽多姿、生机勃勃的景象。另外，既温暖又清澈的浅海环境，造就了喜欢生活在浅海的各种钙藻和海绵动物大量繁殖，由于这些不起眼的小动物本身具有钙质的骨骼，死后被藻类缠绕包覆，天长日久，形成了厚厚的礁体——生物礁。科学家们通过对世界各地二叠纪生物礁的研究，揭示出了它们与石油、天然气形成的密切关系。这也是鄂尔多斯地区之所以蕴含大量石油、天然

笔石化石

海贝化石

气的关键所在。

在古生代的晚期，既是海生无脊椎动物发展的鼎盛时期，同时也是生物界由海洋生物向陆地生物扩展的巨变时期，鱼类首先从无脊椎动物中分化出来，形成生物界的新种族。

3. 古生代
——鄂尔多斯历史上的首次造煤时代

进入古生代晚期，伴随地壳抬升、鄂尔多斯古海面积的不断缩小，陆地面积不断扩大。此时的鄂尔多斯气候温暖湿润，十分有利于植物的生长，陆生植物从滨海地带向内陆蔓延，并得到空前发展，形成大规模的森林和沼泽，万木参天、密林如海。既有高达40米的乔木，也有低矮、茂密的灌木，成为鄂尔多斯地质史上首次重要的造煤时代。据科学家们推测，每形成一米厚的褐煤层，大约需要厚达20米的植物堆积，而每形成一米厚的优质精煤（烟煤），又需要10米以上的褐煤压缩而成。鄂尔多斯著名的准格尔煤田南北长73公里，东西平均宽23公里，面积

鳞木化石

树化石

星轮叶化石

1723平方公里，储量253亿吨，煤层平均厚度在30米以上。神东煤田的总面积更是达3.12万平方公里，已探明的地质储量为2236亿吨。可见当时鄂尔多斯及周边地区森林的覆盖率及茂盛程度。

左页的鳞木化石、树化石都是生长在距今3亿~2亿年期间的上古生代陆生植物中的"巨人"，形体高大，已发现的巨大木化石截面直径约2.5米，高度在30米以上。

那些数亿年前的植物因种种原因被埋入地下后，大多数形成了煤炭，但亦有一部分在特定的保存环境下，由于地层中的化学物质，如二氧化硅、硫化铁、碳酸钙等，在地下水的作用下不断渗入并积聚在树木内部，替换了原来的木质成分，因此在保留了树木原形态的同时，经过这种石化作用形成了木化石。因为其内部成分以二氧化硅为多，所以，常常称为硅化木。石炭纪—二叠纪时期是鄂尔多斯重要的造煤时期，在今天的煤层中，我们已经很难分辨它们的真实身影了，但这些极少数有幸成为化石的植物遗骸，则为我们窥探数亿年前鄂尔多斯大地的植物世界，提供了极为珍贵、而且是其他任何资料都无法替代的有形证明。

硅化木

● 奇异的伫立树化石——形成之旅令人费解的植物化石

左页为鄂尔多斯市伊金霍洛旗东部发现一株硅化木及原生地层堆积剖面。硅化木呈伫立状，它的周围有的形成了煤层，有的形成了层层叠压植物化石的泥灰岩层，而它则形成了石化程度非常高的硅化木。这种现象非常罕见，对于探讨当时鄂尔多斯的植被、成煤过程以及这株硅化木形成的特殊经历等都具有十分珍贵的价值。

4. 爬行动物的世界、恐龙家族的王国

距今2.25亿～0.7亿年前的中生代，随着古海的逐步退缩，鄂尔多斯转入陆地发育的新时代。此时的鄂尔多斯地形低凹、平坦，河流纵横，湖泊、沼泽星罗棋布，气候炎热而潮湿。自然环境的巨变和生物的进化发展，导致鄂尔多斯的远古生命由"海生无脊椎动物"时代进入"陆生脊椎动物"时代，在脊椎动物中，除大量最低等的水生脊椎动物——鱼类外，爬行动物极为繁盛，鄂尔多斯从此成为爬行动物生存、繁衍的乐园及恐龙家族喧嚣的王国。

恐龙，古爬行动物蜥龙类和鸟龙类的通称。种类繁多，形体各异。

地层中的植物化石

大的体长数十米，体重可达五六十吨；小的体长不足一米，重几公斤。科学界按照恐龙骨骼的骨盆类型，将恐龙分为蜥臀类和鸟臀类两大类。蜥臀类按照生活习性又进一步分为食草的蜥脚类与食肉的兽脚类。前一类恐龙一般体形硕大，头小尾长，四足行走；后一类恐龙前肢特化，后肢强健，牙齿锋利，善于捕食。恐龙极盛于中生代，称霸一时，至中生代末期全部灭绝。

在鄂尔多斯中、西部地区发现有大量恐龙实体化石以及足迹、尾迹印痕化石。大多属于生存于晚中

鄂尔多斯史海钩沉

恐龙化石

生代白垩纪的种属，据最新研究成果，也有属于侏罗纪的种属。此外，还发现有假鳄类、鳄类、龟鳖类、蜥蜴类等爬行动物化石以及珍贵的鸟类化石等，是我们探索中生代生物史的化石宝库。

● 查布恐龙足迹印痕化石保护区

在鄂尔多斯高原西部的鄂托克旗查布苏木境内，当地牧民很早就发现，在基岩裸露的山梁或河床底部，经常可以看到一些神奇的足迹。它们有的单独出现，有的几个、十几个，甚至几十个结伴相现。形状多数接近鸟的爪印，有三个趾或四个趾，趾的前端锐利，深深嵌入砂岩中，但

珍稀的蜥脚类恐龙足迹印痕化石
正常的生态环境下，食植物类恐龙的数量应远远多于食肉恐龙，但令人奇怪的是，在目前我国和世界上各个国家发现的恐龙足迹印痕中，三趾型的食肉类恐龙的足迹要远远多于食植物的恐龙足迹，这是为什么呢？专家们推测，由于食植物的恐龙生活在水域、沼泽环境中，所以踩在植物繁茂的地带很难留下足迹。而食肉类恐龙必须四处寻找追捕对象，当它们窥觅水中的猎物时，会在岸边不断徘徊寻找时机，所以留下来大量的足迹。

步幅最大、奔跑速度最快的恐龙足迹印痕化石
在这一行恐龙足迹中，单步距离可达320厘米，经专家测定，这是目前为止发现的世界上跑得最快的恐龙，速度可以达到每小时41公里。

蜥脚类和兽脚类恐龙混杂相处的足迹印痕化石
这是在我国境内首次发现蜥脚类食草恐龙和兽脚类食肉恐龙混杂在一起的足迹印痕化石，它生动地再现了一只蜥脚类食草恐龙悠闲地漫步湖边，而一只兽脚类食肉恐龙垂涎欲滴紧随其后的情景，为研究近1亿年前生活在这里的不同种群恐龙的生活习性等，提供了珍贵的资料。

查布恐龙足迹印痕化石保护区

（摄影：巴特尔）

比现在最大的鸟类的爪印也要大出好多倍。有的则呈圆形坑状，看着这些由于受到巨大的压力形成的圆坑，你不难想象到它的躯体是多么的庞大与沉重。这究竟是什么动物的足迹？又是怎样遗留在这些坚硬的砂岩上的？岁月流逝，早年显现的神秘足迹在常年风沙的磨蚀下渐渐隐去，而新的足印，又在一个接一个的显露出它依旧神秘的原形。关于它们的传说，也如同这神秘的足迹一样，挥之不去，解之不开，困扰着世世代代人们好奇的心田。

20世纪80年代初，内蒙古博物馆古生物专家李荣等，经当地牧民指引，首次来这里进行科学考察，确认了这些已经绝迹7000多万年的、中生代地球霸主恐龙的足迹印痕，并以它的发现地进行了命名。此后，来自中国、加拿大、比利时、美国等国家和地区的古生物专家、学者，纷纷踏上这块神奇的土地。由于足迹、尾迹印痕化石的形成具有苛刻的客观条件限制，因此它在古生物研究

科学家在查布考察恐龙足迹（摄影：巴特尔）

兽脚类恐龙足迹印痕化石

领域占有十分重要的地位，查布也因此成为我国乃至世界恐龙足迹印痕化石的宝库，为世界所瞩目。

恐龙足迹印痕以鄂托克旗查布苏木阿如布拉格嘎查和陶利嘎查境内发现的最为集中。在长约30公里沙漠、草原相间的中生代白垩纪早期的灰色砂岩层上，出露有近万个恐龙足迹印痕化石。最小的仅2～3厘米，最大的达110厘米以上，均为"负型"，形态多样。其足趾绝大多数为三趾、四趾，最近，科学家又首次发现了珍稀的五趾印痕。这些足迹印痕有的尖利而纤细，有的粗壮而笨重。也有的足迹印痕呈圆形或桃形。数量多，密度大，部分地带在1

连续行走的恐龙足迹印痕化石

平方米的面积上就有大、小足迹十几个到几十个。足迹或排列成行,或纵横交错,大多为连续行走的印迹,有的行进长度达一二百米。

通过这些足迹印痕可知,当时生活在这里的恐龙,数量最多的是形体较小、属于鸟脚龙类的鹦鹉嘴龙,头小尾长、身躯笨重、体长20余米、体重可达四五十吨的蜥脚类食草恐龙,以及长有双翼的翼龙、形体奇特的剑龙和异常凶猛的兽脚类食肉恐龙等。这里除遍布恐龙足迹的印痕化石外,还分布有恐龙尾迹印痕化石。

恐龙尾迹印痕化石(摄影:巴特尔)

巨型蜥脚类恐龙足迹印痕化石(摄影:巴特尔)
2000年,中美联合考察队在查布保护区内,不仅首次发现了蜥脚类恐龙足迹,而且发现了极为罕见的直径达114厘米的蜥脚类恐龙足迹印痕。据专家们推测,这头恐龙的体重应该超过100吨,是当时恐龙世界的庞然大物。因其行走时脚步沉重,声音巨大,每踏下一步,就发出一声"轰"响,好似雷鸣一般,所以古生物学家给这类恐龙中的一支取了一个形象的名字,叫做雷龙,意思是"打雷的蜥蜴"。如此巨大的蜥脚类恐龙足迹印痕,在世界范围内亦十分罕见。

鹦鹉嘴龙化石

● 鹦鹉嘴龙

1978年发现于杭锦旗达尔布盖，属于鸟臀类角龙亚目，因具有类似鹦鹉般带钩的鸟嘴而得名，形体较小，两足行走。这件标本发现时为骨骼相互关联的一具长达近1米的骨架，是迄今为止鄂尔多斯地区发现的这类草食性恐龙家族中保存最完整的化石标本，它的发现使人们对于该类恐龙的形态结构以及发育特征等，有了更全面、深入的了解。

● 萨茹拉鄂托克龙

2000年，中、美两国的古生物工作者在鄂托克旗阿尔巴斯苏木发掘出一具距今约8000万年前的晚白垩世蜥脚类恐龙化石，经中国科学院古脊椎动物与古人类研究所研究员赵喜进等专家研究认定，该恐龙化石属于蜥臀目蜥脚类亚目圆顶龙科盘足龙亚科的一个新属，因此，按照学术界的惯例，依该标本的首次发现者和发现地，将其命名为萨茹拉鄂托克龙（*Otogosaurus sarulai*）。

此次发现的恐龙化石保存有较为完整的右侧股骨及其他部位的骨骼，根据骨骼形态推断，该恐龙体长约15米，是目前发现的同时代蜥脚类恐龙中最高的，堪称亚洲之最。

萨茹拉鄂托克龙生活在距今约8000万年前的晚白垩世，晚白垩世的蜥脚类恐龙在全世界均发现较少，因此萨茹拉鄂托克龙的发现，不仅填补了我国晚期蜥脚类恐龙的空白，同时对于研究恐龙晚期的系统演化和恐龙的最终绝灭都具有重要意义。此外，内蒙古地区的晚白垩世地层出露较少，此次白垩世晚期恐龙的发现，对于鉴定对比晚白垩世地层年代，恢复当时的地理环境及古气候等，均提供了不可多得的科学信息。

● **伊克昭龙**

伊克昭龙是一类长吻的离龙类（鳄龙科）恐龙，因首先发现于伊克昭盟而得名。长吻的离龙类恐龙与鳄类生活方式相近。

● **洛克雷查布龙**

因在查布苏木发现的一个兽脚类的新种属而得名，它是当时这个区域称王称霸的一种大型食肉类恐龙。

5. 查布中生代鱼化石

在查布境内属于侏罗纪、白垩纪的河湖相地层中，发现有大量形态各异的鱼类化石。它们是距今一亿四五千万年前的古老鱼类，主要种类有：东方伊克昭弓鳍鱼、师氏中华弓鳍鱼、伍氏狼鳍鱼、董氏狼鳍鱼、甘肃狼鳍鱼等，在鱼类的演化史上，分别属于全骨鱼和真骨鱼中的原始类群，是研究鱼类进化史的珍贵实体资料。

查布地层中发现的鱼化石
（摄影：巴特尔）

查布发现相互叠加的鱼化石（摄影：巴特尔）

查布发现的鱼化石（摄影：巴特尔）

查布发现的鱼化石（摄影：巴特尔）

成吉思汗鄂托克鸟化石

6. 成吉思汗鄂托克鸟
——最早在鄂尔多斯发现的反鸟类动物化石

在侏罗纪晚期，始祖鸟等的出现是生物演化史上的又一个重要事件，这是爬行动物向鸟类演化的一次变革。

成吉思汗鄂托克鸟因首次发现于鄂托克旗而得名。它是生活在白垩纪（距今约1.4亿年前）的一种属于反鸟亚纲的新种属，在地质年代上略晚于著名的始祖鸟和孔子鸟，略早于华夏鸟，在生物进化史上优于孔子鸟。反鸟类是由于其一些构造与现生鸟正好相反而得名，著名的始祖鸟、孔子鸟以及中国发现的大批中生代早白垩世鸟类化石多属这一类。它们和现生鸟类的祖先今鸟类同源于一个单系祖先，而且和睦相处了千百万年，在白垩纪晚期全部灭绝。成吉思汗鄂托克鸟化石的发现，在研究反鸟亚纲的类别、进化以及与今鸟亚纲的关系、现代鸟类的起源等方面，具有十分重大的意义。

7. 杨氏鄂尔多斯兽
——首先在鄂尔多斯发现的似哺乳类爬行动物化石

1976年中国科学院古脊椎动物与古人类研究所的科研人员，在准格尔旗早中生代三叠纪地层中，发现了一具非常特别的属于包氏兽类

的动物化石，为纪念我国已故著名古生物学家杨钟健先生，科学家们按照惯例，将这具在鄂尔多斯地区首次发现的包氏兽类中的新种属，命名为"杨氏鄂尔多斯兽"。包氏兽是生活在中生代三叠纪（距今约2.2

成吉思汗鄂托克鸟复原示意图

亿年前）爬行类动物中的一个特别的门类，由于其在某些体质构造上已明显地在向哺乳类发展，所以科学界认为它们是介于爬行类向哺乳类过渡的一种类群，故称作"似哺乳类爬行动物"。"杨氏鄂尔多斯兽"的发现，在我国乃至亚洲三叠纪似哺乳类爬行动物研究史上，都具有重要的意义。

8. 哺乳动物的摇篮

距今7000万年已降的新生代，是鄂尔多斯现代地貌、气候、生物形成的重要时期，也是哺乳动物大发展的时期。这里既是最古老类哺乳动物繁衍、生长的地方，也是现代哺乳动物的直接祖先类群生息之地，是世界瞩目的探索哺乳动物进化史的极好宝库。

● 巨犀

巨犀，体长约8米，身高5米，抬起头高达7米，不仅是当时最大的陆生动物，也是地球上出现过的哺乳动物中最高最大的，它体格健壮、高大，腿长，颈长。巨犀生活在晚始新世到中新世的鄂尔多斯高原，生存了3000多万年。

在鄂尔多斯地区发现的和巨犀同时代的动物，还有两栖犀、爪兽等，它们都是早已灭绝了的，生活在

距今5000万～1200万年前最古老的哺乳动物。这些珍稀动物化石的发现，不仅是我们探秘鄂尔多斯远古历史的直接佐证，同时也是揭示哺乳动物发展进化史的宝贵资料。通过这些动物的习性、特征等可知，当时的鄂尔多斯大地上不仅有大片的湖泊、沼泽，而且有茂密的森林，气候湿热，植被茂盛，呈现一派热带亚热带的生态环境。

从距今约1200万年前的上新世开始，在巨犀等古老的哺乳动物相继灭绝的同时，现代哺乳动物的直接祖先空前繁盛起来，此时生活在鄂尔多斯地区的哺乳动物，主要有三趾马、长颈鹿、大唇犀、乳齿象、剑齿虎等。三趾马属于较原始的马，是现代马的祖先类群，它的出现，标志着鄂尔多斯热带草原的形成，这在鄂尔多斯远古史上，具有十分重要的意义。鄂尔多斯发现的长颈鹿化石个体不大，四肢和脖子还未有显著的变长，属于长颈鹿的祖先形态。有证据表明，鄂尔多斯是长颈鹿最早的故乡之一，只是进入更新世以后，随着气候的变化，它们开始逐渐南迁，最后，仅分布在非洲的热带草原。

● 乳齿象牙化石

乳齿象身高大约2.5～3米，体重约为4～6吨。它的特征是具有较为

巨犀复原图

笔直长剑形的门齿，颚骨较为缩短，臼齿的齿冠如乳状隆起，因而得名。它们喜欢在林地生活，从牙齿构造上看，它们应该属于食叶动物，即以树木和灌木枝叶而不是草为生的植食动物。和乳齿象食性最接近的现代动物，应该是长颈鹿和驼鹿。有证据显示乳齿象的最后灭绝可能与人类的过度捕杀有密切关系。

剑齿虎复原图

乳齿象复原图

乳齿象牙化石

● **大唇犀**

大唇犀属于奇蹄类的角型亚目中的犀总科，是上新世在鄂尔多斯地区非常繁盛的一类动物，因此，在准格尔旗等第三纪地层出露较为丰富的地区，经常可以见到它们的化石出土。

大唇犀头骨短，鼻骨长，无角。下唇比上唇略大些，下颌骨吻部向侧面扩展，具有两枚带有锋刃的獠牙，上门齿退化消失，上唇具有跟现代貘相似的软鼻，可以将草叶等卷起来在锋利的獠牙上切割，因此命名为大唇犀。大唇犀体型矮壮，四肢较短，前后脚均为三趾。生活在沼泽地带，以水中的植物为食。

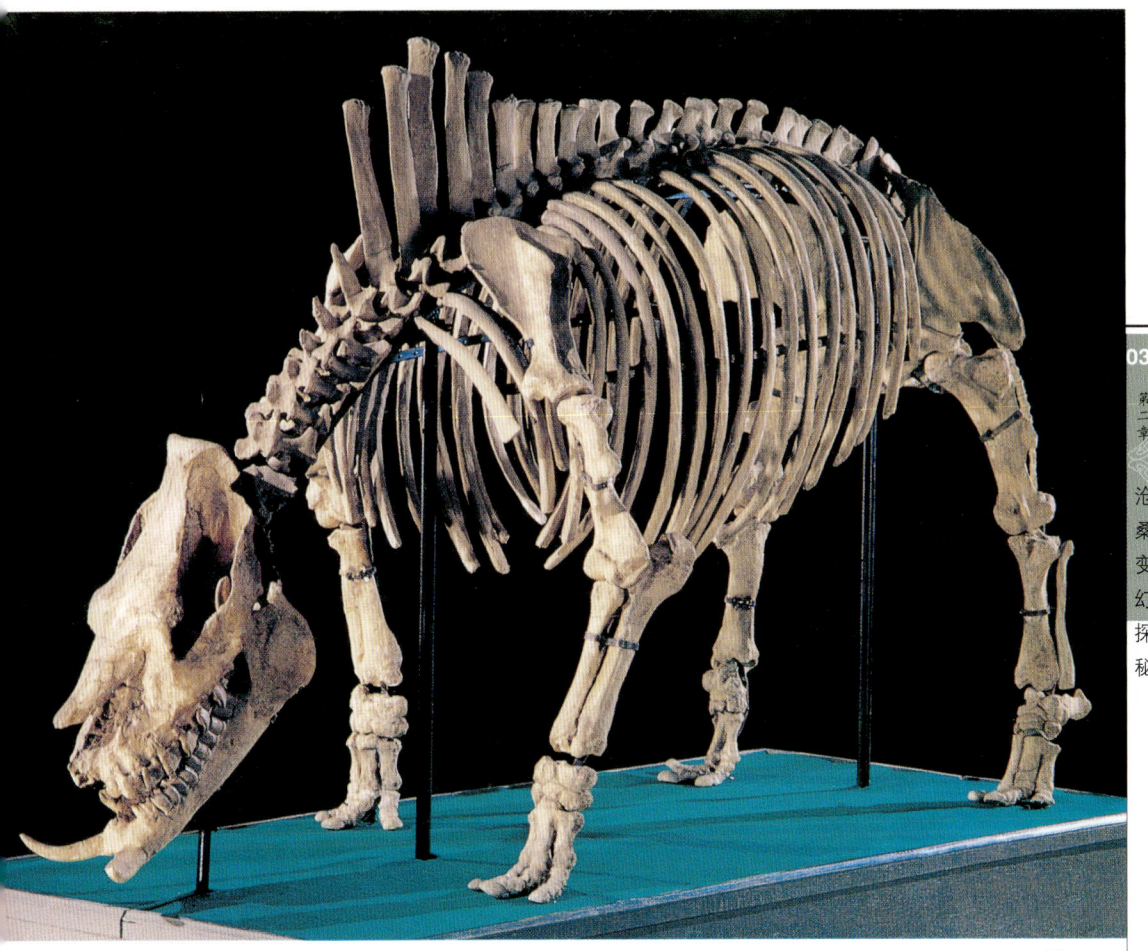

大唇犀

9. 萨拉乌苏动物群
——华北晚更新世标准动物群

因1922年首先发现于鄂尔多斯乌审旗萨拉乌苏流域而得名，是一个包括34种哺乳动物和11种鸟类在内的庞大动物群，它是晚更新世华北地区黄土堆积的典型代表，与早更新世的泥河湾动物群（标准地点在河北北部泥河湾盆地）、中更新世的周口店动物群（标准地点在北京周口店北京直立人遗址），共同组成华北地区更新世三大代表性动物群，成为研究更新世古地理、古气候、古生物的经典地区和标尺。其生活的年代距今为14万～7万年间，已鉴定出的45种动物包括虎、狼、鬣狗、象、

龟化石

野马、野驴、野猪、骆驼、马鹿、大角鹿、羚羊、转角羊、水牛、原始牛等大型食肉类、食草类动物以及鼠、兔、刺猬等小型啮齿类、食虫类动物和鸵鸟等鸟类。在34种哺乳动物中，至少有8种已经灭绝，目前仍生活在鄂尔多斯地区的有12种。萨拉乌苏动物群不仅数量众多、种类丰富，而

纳玛古菱齿象牙化石

鸵鸟蛋化石

且具有非常鲜明的特征，展示了这一特殊的地理区域内，同一历史时期内不同的生态小环境以及同一地区不同历史时期冷、暖、干、湿的更迭变换，在研究东亚北部地区20万年以来环境变迁、生物进化领域具有十分重要的地位。

● 王氏水牛——以鄂尔多斯居民命名的哺乳动物化石

王氏水牛（*Bubalus Wansjocki Boul & Teilhard*），是萨拉乌苏动物群中的重要成员，属哺乳类洞角科水牛属动物，其两只角与其他水牛明显不同，从根部至顶端的横切面均为等腰三角形。1923年，在乌审旗大沟湾进行的古生物考察活动中，参与考察活动的当地牧民旺楚克的女婿王顺不幸因意外塌方事故身亡。考察组负责人法国著名古生物学家桑志华、德日进等，为了永久纪念这位为科学献身的牧民，便将当时新发现的一个已经灭绝了的水牛新种属，命名为"王氏水牛"。

● 鄂尔多斯大角鹿——最早以鄂尔多斯命名的哺乳动物化石

鄂尔多斯大角鹿（*Megaloceros ordosianus young*），学术界也将其翻译为河套大角鹿，它是萨拉乌苏动物群的重要成员，由于是在1922年萨拉乌苏流域的科学考察活动中首次发现的一个古鹿新种属，因此便以萨拉乌苏所在地鄂尔多斯命名。这种鹿肢体高大，鹿角呈扁平扇形，形状奇特，在鹿类中独一无二。

● 披毛犀

披毛犀也是已经绝灭的一种哺乳动物，属于奇蹄目犀科双角犀亚科。披毛犀的足迹几乎遍布欧亚大陆北部，最北界大约在北纬72°，最南到北纬33°，曾是旧石器时代古人类的主要狩猎对象。根据在西伯利亚发现的披毛犀冻尸，在波兰发现的浸泡在沥青沉积里的尸体，以及法国旧石器时代洞穴中的壁画等得知，披毛犀和猛犸象外形相似，身体巨大，体表披有御寒的长毛和浓密的绒毛，头骨长而且大，前额及长鼻上有一对纵向巨角，前面一支角最长可达1米。一般认为披毛犀是生活在更新世冰期气候环境下的动物，但是在气候温和的草原环境的地层堆积中也发现过它们的化石。

王氏水牛角化石

鄂尔多斯大角鹿化石

现藏于法国自然博物馆内出土于鄂尔多斯地区的披毛犀

【第三章】

揭开远古人类的神奇面纱

大约300万年前，人猿相揖别，人类的祖先从树上下到了地面。伴随着直立行走，他们学会了制造工具，开始根据劳作对象的不同，使用一些有意打制成不同形状的石器，考古学上，把人类社会的这一发展阶段，称为"旧石器时代"。这个阶段古人类的社会经济，主要是原始采集、狩猎、渔捞等自然经济，社会组织处于"原始公社"阶段。

● 萨拉乌苏——掀开亚洲古人类史研究帷幕的神奇河流

在鄂尔多斯高原的南部，有一条起源于陕西省西北部的白于山北麓、由西南至东北弯弯曲曲穿行在

萨拉乌苏高原面

鄂尔多斯史海钩沉

萨拉乌苏晚秋（摄影：王中明）

毛乌素茫茫沙海中的河流，当地蒙古族群众称其为"萨拉乌苏"（蒙语，"黄水"的意思）。它属于黄河支流——无定河上游的一部分，原本是条名不见经传的小河，但又是条平淡之中蕴含着无数跌宕的河流，茫茫沙海中，如果不是近在咫尺，你绝难意识到这条高原深切水流的存在，但当你置身其中时，又无不为之迂回荡漾的气魄所震惊。这里还具有神奇的小区域自然景观，高原面上，是一望无际的沙海，新月形的移动沙丘星罗密布，而深深下切的河谷里，却是潺潺流水环绕的片片绿洲，不仅果树飘香，水稻扬花，并且具有常年不冻的水流，素有"塞北江南"的美称。

萨拉乌苏虽然拥有如此与众不

萨拉乌苏谷底

同的特征，处处洋溢着撩人的神奇色彩，但在历史的岁月中并没有引起世人更多的关注，直到80年前"河套人"的发现，才使其突然间蜚声世界。1922年，法国著名地质古生物学家桑志华在流经乌审旗大沟湾的萨拉乌苏河谷的地层中，发现了大量的动物骨骼、人工打制的石制品和骨角器等。1923年，桑志华与另一位法国著名古生物学家德日进，一同对这里进行了科学发掘，并在随后的资料整理过程中，发现一枚幼儿的门齿化石。这是中国境内发现的第一件有准确出土地点和地层记录的人类化石，也是第一批有可靠年代学依据的旧石器时代古人类遗存。萨拉乌苏遗址的发现不仅掀开了中国乃至整个远东地区古人类研究的帷幕，而且也揭示了鄂尔多斯地区迄今为止所知最早的古人类活动的行踪。

◉ 萨拉乌苏文化遗址——探秘远古时期中西文化交往史的经典遗址

到目前为止，在萨拉乌苏流域至少发现包括范家沟湾、杨四沟湾、

20世纪20年代科学家在萨拉乌苏考察
（图片提供：白庆元）

20世纪20年代参与考察的部分科学家及当地牧民

（图片提供：白庆元）

米浪沟湾等在内的9个旧石器时代古人类活动地点。共发现人类化石、石器等文化遗物600多件（其中保存在法国巴黎自然博物馆的有200余件）。这里发现的古人类体质特征属人类进化史上的晚期智人阶段，其生活年代为距今14万~7万年间。所使用的石器归属"周口店第一地点（北京人）—峙峪系"大系统，但具有鲜明的自身特征，被称为萨拉乌苏文化。

2001年6月25日，"萨拉乌苏文化遗址"被中华人民共和国国务院公布为第五批全国重点文物保护单位。鉴于萨拉乌苏在古地质学、古气候学、古人类学、古动物学等研究领域的特殊地位，目前，萨拉乌苏正在积极申报国家级地质公园。

萨拉乌苏遗址是远东地区为数极少的、可与西方旧石器时代考古学文化进行直接类比的遗址，这种远古时代遥远的两地间所具有的罕见的文化共性，证明了远在十几万年前欧亚大陆桥就已经存在，东西方文化间就已有交流的事实。对于这种文化交往现象，过去更多的是

理解为一种单向的"西来"模式，实际上，这仅仅是产生这种文化现象的一种可能，萨拉乌苏遗址自身的文化特性，在探讨华北小石器文化的主导性与传播性，确立旧石器时代早期"华北中心说"和"华北小石器文化自源性"的进程中，均占有得天独厚的地位，最新的研究成果已足以对传统观点发起挑战，来重新审视这种文化现象的内涵和意义。

萨拉乌苏文化遗址保护标志

萨拉乌苏鸟瞰
（摄影：戴东辉）

● "鄂尔多斯人（河套人）"——鄂尔多斯最古老的居民及最早的猎人、解密亚洲现代人起源的金钥匙

1923年，法国地质古生物学家桑志华和德日进等，在实验室整理萨拉乌苏考察所获资料的过程中，于一堆羚羊牙齿和鸵鸟蛋化石碎片中，惊喜地发现一枚幼儿的左上外侧门齿。这枚牙齿经当时体质人类学研究的权威、北京协和医学院解剖学系主任、加拿大人类学专家步达生

1922年河套人牙齿化石发现地

1922年"鄂尔多斯人（河套人）"发现地

第三章 揭开远古人类的神奇面纱

"鄂尔多斯人（河套人）"头盖骨、股骨、牙齿化石

"鄂尔多斯人（河套人）"使用的石器

研究，命名为"the ordos tooth"（鄂尔多斯人牙齿）。这是中国境内发现的第一件有准确出土地点和地层记录的人类化石，也是中国第一批有可靠年代学依据的旧石器时代古人类遗存，在中国乃至整个远东地区古人类学及旧石器考古研究史上均具有划时代的意义。

20世纪40年代，我国著名旧石器时代考古学家裴文中先生首先使用了"河套人"及"河套文化"这两个中文名词，来对应德日进等人已命名的"Ordos Man"（鄂尔多斯人）及其文化，并被国内学术界所喜用，而它的最初命名则在国外学术界一直被作为正式学名来沿用。鉴于对萨拉乌苏遗址进一步深入系统的研究，将很可能是开启中国乃至亚洲现代人的起源、欧亚草原地区东西文化交往学术研究滥觞的世界性领域的课题，为适应学科发展的需求，应按照学术界的惯例，把"河套人"正名为最初命名的"鄂尔多斯人"。考虑到人们的接受过程以及因正名而可能引起的国内人们的困惑，可以称为"鄂尔多斯人（河套人）"。

根据"鄂尔多斯人（河套人）"使用的工具种类、形态等可知，他们从事的是以狩猎为主的经济形态，因此，"鄂尔多斯人（河套人）"不仅是鄂尔多斯地区迄今为止发现的最古老的人类祖先，同时也是生活在鄂尔多斯大草原上最早的猎人。

"鄂尔多斯人（河套人）"是截至目前，我国乃至亚洲发现的时代最早的晚期智人化石之一。古人类学中有关现代人起源的争论，主要集中在多地区进化学说与出自非洲学

"鄂尔多斯人（河套人）"用火遗迹、烧骨

说之间的对立上。虽然两大学派都在努力丰富自己的证据和理论，但由于可资对比的新资料有限，都无法取得令学术界公认的突破性的进展。目前出自非洲学说的最有力的证据之一，就是在亚洲西部的近东地区，发现了大约10万年前的解剖学上的现代人化石（即晚期智人），而中国发现的解剖学上现代人的化石年代仅为3万年左右。由此可见，解决中国现代人起源的关键，就是那些距今10万～5万年前的、带有丰富体质形态信息的人类化石。最新研究成果表明，"鄂尔多斯人（河套人）"生活的年代为距今14万～7万年，正好处于解决中国现代人起源课题的要害所在。因此，伴随着对"鄂尔多斯人（河套人）"研究工作的进一步深入开展，不仅中国现代人究竟是从何起源的这一困扰学术界近一个世纪的难题有望得到破解，而且该人类集团中所特有的东西文化交流的特性，也随之将有一个圆满、合理的答案。

● 萨拉乌苏大剖面——窥视鄂尔多斯远古世界的神奇窗口

萨拉乌苏虽然水流量不是很大，而且还是一条形成不超出2000年的年轻河流，但由于所流经的区域地层结构较为松散，因此侵蚀作用十分强烈，河水犹如一条凶猛咆哮的蛟龙，将所经之处切割成深深的峡谷，加之这一地区地形较为平缓，导致河道弯弯曲曲，形成一条十分壮观的深切曲流。每当雨季到来，湍急的河水总会对河岸形成一次次新的侵蚀，而河岸的塌落，使那些原本被流逝的岁月深深埋藏在地下的各类物质，纷纷撩开笼罩在头上的神秘面纱，清晰地展现在明媚的阳光下，河谷高高的断面，便成为我们窥探鄂尔多斯高原远古历史的天然窗口。萨拉乌苏大剖面的厚度高达六七十米，这些堆积不仅集中形成于晚更新世以降，而且各个地质时代的界面较齐全，界限较清楚，是研究古气候、古环境的最佳地区和最佳时段，包含如此信息量的地质剖面，在世界范围内也是不多见的。

综合科学家们地质调查、勘探、考古发掘等研究成果，萨拉乌苏大剖面为我们勾画出这样一幅当时的自然、人文情景。14万～7万年前的鄂尔多斯，自然地理条件大体和现今萨拉乌苏一带的局地自然景观相当，既有延绵不断的沙漠，又有广布的河流湖泊，相伴广袤的沙地绿洲和森林，随着冷暖期的交替变幻，河流湖泊以及绿地森林的范围不时发生着变化。诺氏驼、巨驼鸟们奔跑在无垠的沙漠中，鄂尔多斯大角鹿、马鹿、原始牛、野马、野驴、普氏羚羊、许家窑扭角羊等在草原上或静静地

萨拉乌苏大剖面

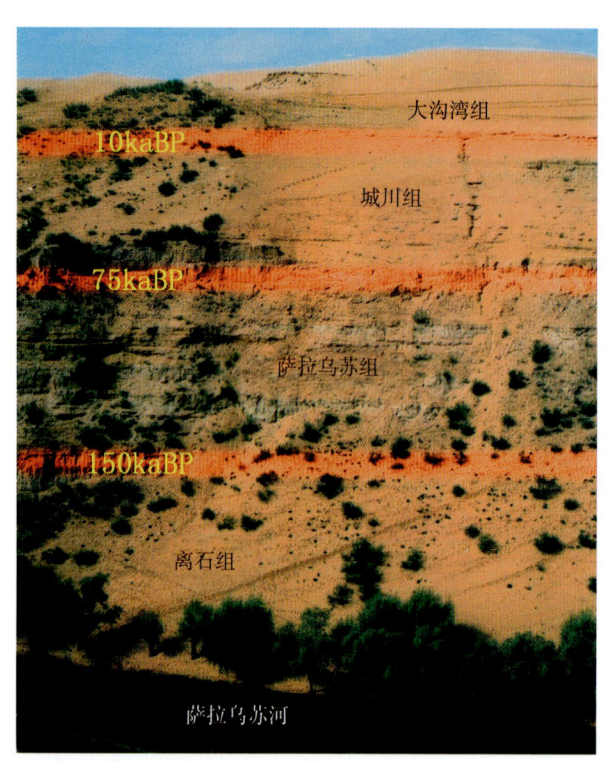

萨拉乌苏组地层划分示意图

觅食或奔波跳跃，几只窜出树林的狼和最后鬣狗，惊的隐匿在草丛中的狗獾、野兔及其他啮齿类小动物四处乱钻，老虎在森林中时隐时现，窥视着草原上各种生灵的一举一动，王氏水牛整个浸入湖泊中，尽情享受湖水的凉爽，野鸭、翘鼻麻鸭在湖面上漫游，鹫、兀鹰展开巨大的翅膀，在天空中缓缓移动，披毛犀顶着两只尖尖的独角、诺氏象拖着长长的鼻子在森林边悠闲漫步，对周围发生的一切熟视无睹。

由于当地缺乏山洞一类的自然巢穴，古老的"鄂尔多斯人（河套人）"就在靠近湖边的地方搭起用兽皮围起的"帐篷"，以抵御烈日、风雨和严寒的侵袭。帐篷周围燃起了熊熊的火堆，这样既可以御寒、烧烤食物，也是防止猛兽袭击的最好方法。远处的湖边，一群身强力壮的男子汉们，围住了一头陷入沼泽中的披毛犀，利用手中的鹿角锤、鹿角矛等武器向这头庞然大物发起了一轮又一轮的攻击，披毛犀尽管力大无比，无奈四蹄陷入沼泽中，越挣扎陷得越深，厚厚的皮毛虽然可以不惧恶狼的攻击，但在这些聪明过顶的人类面前，早已是血流如注，奄奄一息。岸边的一群小孩或手舞足蹈，或跃跃欲试，为这即将到手的美餐激动不已。帐篷周围的老年男性以及妇女们，有的在打制石器或加工、修整工具，为肢解、分割那只已到手的猎物做准备，有的在忙着拾捡树枝，为一会儿的美餐忙碌，有的则埋头在用石片仔细刮除上次捕获到的猎物皮革上的油脂，或用锋利的薄石片切割兽皮，这些皮革可是人们裹身御寒和围作帐篷的最佳材料。远处的草地上和森林边，还可以不时地看到结伴的人影在晃动，他们正在采摘野菜野果，因为猎获一头这样的动物实在不易，平时人们还得主要靠这些果实来充饥。

夜幕降临了，紧张了一天的人们围坐在火堆旁开始分享劳动的果实，人们用树枝挑着肢解开的犀牛肉在火堆上烧烤，在吃干净骨头上的肉后，又用鹿角锤砸开坚硬的肢骨，吸食里面的骨髓，随后把吃剩的骨头扔进火堆中。骨头虽然不会燃烧，但骨头上的油脂却是极好的助燃品，火焰腾地一下串起了好高，映红了人们兴奋的脸庞……

历史上的暖期来到了，伴随着湖水的上涨，人们把生活的营地移到了较高的地带，重复着同样的生活。淤泥渐渐埋没了人们原先生活的地方，也掩埋了残留在那里的灰烬、烧骨、石片等古人们遗漏的或有

萨拉乌苏剖面冰冻褶皱构造

意扔弃的一切一切。寒期来临了,古人们又追逐着回落的湖水,来到了新的营地。寒暑更迭,时光荏苒,随着地壳的不断下沉,尘封的大地就这样把不同历史时期古人们的生活遗址永久地埋在了几十米深的地下。

● 水洞沟遗址——鄂尔多斯大地旧石器时代最后居民的处所

萨拉乌苏大剖面告诉人们,距今7万~1万年前,鄂尔多斯地区处于地球历史上的末次冰期。在漫长的冰期中,这里虽然整体处在不适于人类生存的寒冷气候下,但期间还是出现过几次较为温湿的暖期。因此,当末次冰期来临之后,"鄂尔多斯人(河套人)"曾一度恋恋不舍地离开了这块生活了数万年的土地,追逐着适宜于自己生存的自然环境,顽强地辗转在欧亚草原上。但数万年之后,一些秉承有他们血缘的后人,追逐着回升的气候,迈着寻根的艰难步伐,又再次踏上了这块既熟悉、又陌生的大地。位于鄂尔多斯台地边缘的水洞沟遗址,便为我们真实地记录了鄂尔多斯高原这一历史时期的生活写照。中国科学院地质与地球物理研究所研究员、中国科学院院士、世界著名黄土专家刘东生先生曾这样描述:"2万多年前,一群远古人顶着凛冽的西伯利亚寒风,艰难地跋涉在鄂尔多斯黄沙漠

水洞沟遗址地貌(摄影:边东冬)

漠的旷野之上。他们是一支由男女老少组成的队伍,随身携带着猎人的专用工具、武器、帐篷和火种。当他们翻上一道连绵起伏的山梁,眼前出现了一片水草丰盛的湖泊,远处草原上还隐约可见成群奔跑的野马、野驴和羚羊。显然,这是一处诱人的地方,于是,他们放下了行装,就地宿营,开始书写生活的新篇章"。

通过对地层中包含的植物孢粉检测数据可知,这时虽然属于冰期

水洞沟遗址发掘现场

第三章 揭开远古人类的神奇面纱

里的暖期，但自然气候较萨拉乌苏文化时期寒冷、干燥了许多。披毛犀、野马、野驴、羚羊等食草动物虽然还奔跑在范围日渐缩小的草原上，骆驼、鸵鸟等还依然在沙漠中漫步，但数量都明显较少，湖泊中，偶尔还可以见到水牛的身影，但昔日草原上、森林中的河套大角鹿、老虎、大象等已不见了踪影。和"鄂尔多斯人（河套人）"一样，他们继续从事着以狩猎为主的社会经济，虽然伴随弓箭技术的应用，狩猎成功率大大提高，但由于动物数量少，因此捕获的猎物数量仍然是越来越少，以至于科学家们今天发掘时，在人们生活的营地内很难发现较大的动物骨骼，和萨拉乌苏文化时期遗址内动物骨骼到处都是的情景形成明显的反差。

人们打制石器的技能又有了较大的提高，他们用一端圆滑便于持握，一端有利刃的大型尖状器砍剁、修整树干，用来制作搭建便于搬迁的帐篷的骨干，也用它来砸开动物的骨骼，敲骨吸髓。为了更便利地剔除动物皮革上附着油脂，把刮削器的刃部打制成像月牙似的圆弧形；而为了加快刮制圆柱状工具的速度，则把传统的直刃刮削器改制为凹刃刮削器。那些锋利、平面略呈柳叶状的小石叶，不仅单独使用时十分便利，而且可以嵌入用兽骨或木头制成的刀柄中，作为复合工具的刀刃来使用。另外，从遗址中发现的带有细长锐尖的钻孔器、雕刻器来看，水洞沟遗址的居民已经具有相当的审美观念，开始制作、佩带各种石、骨质地的装饰品了。

由于水洞沟遗址的居民在整体寒冷、干旱的恶劣气候面前，必须频繁地追逐尽可能适宜自己生存的自然环境，追随自己赖以生存的各类动物的长途迁徙，游荡在广袤的欧亚大草原上，因此，大范围的迁徙，使他们和欧亚草原地带的广大先民们产生了更多的直接或间接的接触。他们使用的小石器在继承"鄂尔多

水洞沟遗址出土石器
（摄影：边东冬）

水洞沟遗址出土石器
(摄影：陈福友)

斯人（河套人）"文化特性的基础上，有了进一步的发展，尽管距离典型的细石器还有一定的距离，但较之萨拉乌苏文化不仅发生了数量上的变化，而且产生了质的飞跃。他们拥有的极富欧亚草原文化特性的石叶形石片，成为我国北方地区旧石器时代晚期石叶文化的最典型的代表，不仅对我国华北地区同时期的远古人类产生了深远的影响，而且对整个欧亚草原地区都产生了巨大的影响作用。

大约1.5万年之前，又冷又干的西伯利亚寒风愈吹愈烈，鄂尔多斯大地进入了末次冰期中最寒冷的阶段，它不再对包括人类在内的各类生物那么友好了。绿洲消失了，湖泊干涸了，绝大多数的动物们都迁徙了，大地常年永久的封冻起来，于是水洞沟的居民不得不收拾行装，再次踏上漫漫求生之路。一度喧嚣的原野很快恢复了往日的宁静，直到冰期结束了很久，冬眠的鄂尔多斯大地才再次被人类的喧嚣所惊醒。

【第四章】

追寻失落的原始农耕部落

直至距今 7000 年左右，末次冰期后逐渐趋暖的大气候才对这里产生了明显的影响，白雪皑皑冰冻数千年的大地逐渐复苏，曾经孕育了中国最古老猎人的这块神奇土地，在经过长时期的万籁沉寂后，又一次显现出郁郁葱葱的生机。

这时，距离水洞沟居民的时代又过去了几千年的岁月，由于弓箭等复合工具的大量使用，使古人类社会的渔猎经济有了飞速的发展，人们的物质生活开始有了很大的提高。而人工取火术的发明，则极大地提高了人类的熟食程度和御寒能力，这些变化无疑都是一种强劲的催化剂，使人类漫长的进化历程产生了突飞猛进的飞跃。伴随着冰后期气温不断趋暖，大地万物的茁壮生长，人们在长期的社会生产实践中认识到了植物年复一年不间断生长的根源。他们有意把一些采集到的果实埋在土里，果然获得了预期的结果，这样，原始种植农业就产生了。后来他们又发现，种在一片被野火焚烧过的土地上的植物，不仅茎叶远比种在其他野草地中的植物要茂盛的多，而且结出的果实也要丰硕的多，于是刀耕火种的原始农业，就在这样慢慢的不断摸索、总结中走向成熟。

原始农业经济的发展使人们的物质生活有了最基本的保证，而生产力的发展导致剩余产品的出现，催化了家畜驯养业的产生、发展。这些变化不仅扩大了社会生活必需品的来源，而且也改变了过去单一的采集、渔猎经济。人们可以选择在靠近水源、自然环境较好的地区建立自己固定的居所，而不必过分的依赖自然山洞等栖息地，由此逐步掌握了房屋建造技术，开始营建规模很大的村落。伴随社会生产、生活的需求，人类所使用的石器、骨器，已经从简单的只打制出一个初步的形状，到开始进行精琢细磨，工具的形制更加规整，分工也更加明确，与此同时，还逐步学会了烧造陶质的生活器皿，并从事制骨、纺织、木作等一些手工业生产。氏族集团日益扩大，人们的宗教信仰日渐发展，审美艺术等也相应而生。这就是考古学依据古遗址中陶器的出现、磨制石器的使用、定居及原始农业的产生等所划分的新石器时代，也就是人类历史发展阶段中的原始社会氏族公社时期，包括发达的母系氏族社会和父系氏族社会两大阶段。

人类社会进入新石器时代后，再次出现在鄂尔多斯大地上的古人类是些什么样的面孔呢？他们从哪里来？过着怎样的生活、从事着什么样的经济形态呢？……面对诸如此类的问题，如果时光倒逝十多年，还都是一些悬而未决的难解之谜，但近些年的考古新发现，则为我们破译这些迷津提供了大量前所未有的珍贵信息。

1. 阳湾遗址
——鄂尔多斯最古老农业居民的世界

环境考古的研究成果表明，鄂尔多斯地区冰后期气候趋暖的历程，整整比中原及东北辽河流域大约滞后了1000年。由于环境因素制约了早期从事原始农业经济的古人类在本地区的发展，因此，目前在鄂尔多斯地区还尚未发现属于新石器时代早期的古人类活动踪迹，而距今约6500年前的阳湾遗址，便成为鄂尔多斯地区迄今所知时代最早的新石器时代古人类遗存。

阳湾遗址位于鄂尔多斯市准格尔旗哈岱高勒乡点岱沟沟掌处，是一处古人类居住遗址。6500年前这里的自然环境，是一种典型的森林草原景观，山顶上森林茂盛，山坡上灌木丛生。阳湾遗址的居民们以一个大的家族为单位，集中居住在一起，他们选择靠近水源、背风向阳的山谷坡地作为自己的营地。德高望重的家族族长的住房，建在营地的中心部位，由于这里不仅是他们的居室，同时也是家族聚会、议事的场所，所以房子面积一般都比较大，而其他家族成员的住房面积都较小，分布在族长住房的周围。

考古学家们通过对阳湾遗址的研究得知，居住在这里的居民，以从事原始农业经济为主，兼营狩猎、渔捞业等。因此，他们是鄂尔多斯地区迄今所知最早的从事原始定居农耕经济的居民。

阳湾居民使用的生产工具虽然和他们的祖先一样，还是以石器、骨器、木器为主，但这时的石器、骨器，早已不是简单的打制成一定的形状就拿来使用了。他们凭经验精心捡选那些质地坚硬又极具韧性的石料，先根据需要打制出工具的大体雏形，然后通体精磨，这样制造出的石器不仅形制规整，而且非常得心应手。其中数量最多的就是石斧、石刀、石磨盘、石磨棒和石铲、石凿等。

阳湾居民使用的最大量的生活器皿，就是陶器。主要有用作炊器的夹砂罐，用作水具的小口折唇壶，用作食具的敞口或敛口的圜底钵等。这些器类虽然还比较简单，但不难看出，不仅各器类间已具有明确的分工，而且能根据用途的不同，选择不同的质地制成不同的形态。这些陶器不仅形制规整，而且烧造火候也较高，反映了制陶人娴熟的制陶技术。

此时的人们在制作陶器时都是采用一家一户、自产自给的方式，由于陶质的生活器皿不仅是当时人们最基本的生活必需品,而且可塑性强,因此也是最能体现人们智能、个性的人工制品,因此保留在陶器上的不仅有时代、地域风格,而且具有不同人类群体间的细微特征。考古人员正是依据陶器的这些特性,发现在阳湾居民使用的陶质生活器皿中至少包含两大类渊源不同的文化因素,即来自关中地区的半坡文化和来自太行山东麓的后岗文化。另外,由于在这类遗址中经常能发现北方地区特有的细石器制品,因此,在鄂尔多斯地区最古老的农业居民中,不排除包含有本地土著文化的可能性。也就是说,进入新石器时代中期后,由于人口快速繁衍,出于寻觅更广阔生存空间等初衷,一部分原本居住在关中地区的属于古史传说中炎帝部落的居民,和一些生活在太行山东麓地区属于蚩尤部落的居民,纷纷离开故土,溯黄河河谷北上或沿桑干河西进,大约在距今6500年前,相继踏上了鄂尔多斯这块水草丰美的土地。他们和已经生活在这里的一些以从事狩猎经济为主体的土著居民相遇,并和睦的结合在一起。

阳湾遗址告诉人们,鄂尔多斯地区虽然原始农耕文化的起步时间较中原和辽西等古文化发达区略晚,

阳湾遗址房址
(摄影:曹建恩)

但自新石器时代中期开始,良好的自然环境使这里的社会生产力快速发展,发展程度丝毫不逊色于上述地区,很多方面甚至居于领先的位置,为以炎黄民族为主体的中华文明的形成和发展做出了杰出的贡献。

● 阳湾大房址——令人惊叹的6500年前的建筑精华

阳湾遗址的居民们早已脱离了建造简单的窝棚度日的阶段,他们首先砍伐倒周围的树木、杂草,平整出空地,然后娴熟地利用石铲、骨铲等掘土工具,在地上挖出一个平面呈方形或略呈长方形的坑穴,在尽可能朝阳的一方开一个通向室外的斜坡门道,这样不仅可以最大限度地接收太阳光的照射,同时也避开了冬天寒冷的西北风的直接袭击。把地穴的地面及四壁修理平整后再抹上一层泥,之后架火烧烤,这样做一方面可以增加壁面和地面的硬度,另一方面经过焙烧后的地面能起到一定的防潮作用。他们砍伐来粗大的圆木竖立在地穴内,作为房子的主要承重柱。面积较大的房子,地穴内一般都竖有四根柱子;面积较小的房子,多竖有两根柱子。房子的屋顶,主要靠它们和位于地穴外围四角的立柱来支撑,为防止柱子下沉,他们或在柱子的底部垫上一块大石头,或把砸碎的陶片和胶泥混合在一起,填在柱洞的底部,形成坚硬的柱础。另外,还要在地穴四壁的外围栽一周较细的木棍,作为龙骨,然后内外都抹上一层泥巴,就形成了所谓"木骨泥墙"式的墙壁。房顶上架上树枝和柴草,为了室内的通风和采光,他们要在屋顶开一个天窗;而为了防止室内生火时由于天窗的空气对流作用,导致火焰蹿到房顶上把房子烧着,他们又把室内天窗周围的房顶也抹上泥巴。房子的门道处,他们也要用和建墙壁相同的的方法,建成一个尖顶的斜壁通道,这样的设施,雨雪天可以避免雨水直接进入室内,冬天还可以缓解冷空气的直接侵入。考古学上,把这种形式的房子称为"半地穴式建筑",与他们早先营建的"地穴式建筑"相比,不仅建造技术的难度大大提高,而且,在房子的主体部分由地下逐渐向地上发展的过程中,房子内部的采光、通风、防潮、出入等居住条件,都有了极大的改善。

阳湾遗址发现的这座单间面积约100平方米的大房址,不仅面积巨大,建筑技艺高超,而且还在房址的室内墙壁上,发现了镶砌整齐的陶质装饰砖。如此大面积的单间建筑以及陶质内墙砖镶嵌技术的使用,不仅在内蒙古地区绝无仅有,就是在全国范围内同时期的古人类遗址中也十分罕见。因此,该遗址集中再

阳湾遗址房址复原示意图

阳湾遗址房址内壁装饰砖（摄影：曹建恩）

第四章 追寻失落的原始农耕部落

现了新石器时代生活在鄂尔多斯地区的先民们神奇的创造力和社会文化的辉煌发达。

● **夹砂褐陶敛口鼓腹罐——鄂尔多斯最早的农业居民使用的炊具**

陶质炊具的出现，是人类自身发展史上的一大飞跃，在此之前，人们主要是吃烧、烤食物，甚至以生食为主。陶质炊具的发明，改变了人类致熟食物的方式，这不仅进一步拓宽了人类的食物资源，而且大大加速了人类体质和脑力的发展进程。

罐是阳湾遗址的居民日常生活中最主要的炊具。夹砂褐陶，直径约30~40厘米。采用泥条盘筑的方法制作而成，即先把制作陶器用的陶泥搓成泥条状，一圈一圈的盘筑起来形成器物的雏形，然后把初步成型的器物放在可以转动的轮台上，一面转动轮台，一面用陶拍和陶垫同时拍打器物的内、外壁，使之结构紧密，待器物成型后再作进一步精修，阴干后上窑烧造即成。由于炊具要经常受到高温的烧烤，所以他们在长期的生活实践中摸索出在陶土中掺入适量的砂粒，就可以增强器皿的耐烧灼程度，延长器物的使用

夹砂褐陶敛口鼓腹罐
（阳湾遗址出土）

泥质红陶折唇壶（贺家沙背遗址出土）

寿命（如同现在人们使用的砂锅），这是几千年前古人类聪明才智的具体体现。另外在器物的形态上，则采取小平底、大垂腹的形式，这样既能保证使用时平稳的放置到灶面上，又能最大限度地增大受火面积，充分接受热效能。

◉ 泥质红陶折唇壶——鄂尔多斯最早的农业居民使用的汲水工具

小口折唇壶是当时人们使用的主要汲水工具。准格尔旗贺家沙背遗址出土。泥质红陶，质地细腻，器高约60厘米。鄂尔多斯属于丘陵地貌，当时的人们一般都居住在背风、向阳的丘陵鞍部，而生活用水则分布在沟谷的底部。因此，他们在制作汲水用具时同样也是考虑得细致入微，整体形态呈略修长的筒状，腹部有两个对称的鋬耳，这样的设置都是为了便于汲满水后人们长距离的搬运，而口部做得很小，则是为了最大限度地减少搬运过程中水的外溅。

● **磨光石斧——鄂尔多斯最早的农业居民使用的石质砍砸及木作加工工具**

制作石器，一般都是男子汉的事，他们从前辈那里，继承了娴熟的石器加工技术，并不断摸索改进，制造出的石器不仅形制规整，制作精美，而且非常实用。在沟谷的冲积滩里，遍布大大小小的河卵石，他们凭经验精心捡选那些质地坚硬又极具韧性的石料，先根据需要打制出工具的大致雏形，然后通体精磨，最后形成得心应手的工具。石斧是当时人们的主要砍剁工具，开垦荒地、砍伐树木、修整建造房子的梁、柱，包括砸击动物的肢骨等等，都离不开它。这些石斧既可以直接拿在手中操作，还可以安柄使用，它们不仅是得力的生产工具，遇到狩猎或部落间的冲突时，也是很有杀伤力的武器。

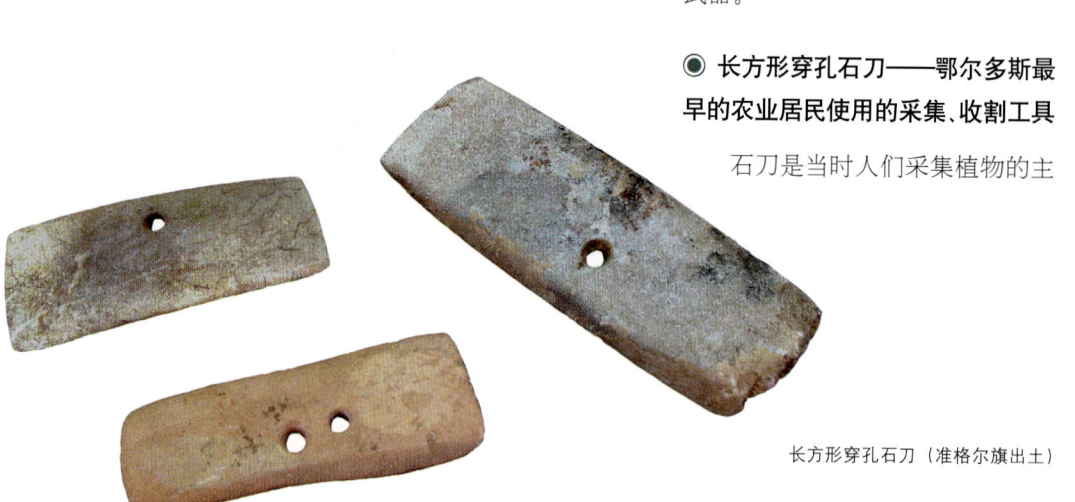

磨光石斧（鄂尔多斯地区出土）

● **长方形穿孔石刀——鄂尔多斯最早的农业居民使用的采集、收割工具**

石刀是当时人们采集植物的主

长方形穿孔石刀（准格尔旗出土）

石磨盘、石磨棒（伊金霍洛旗出土）

要工具，主要用于收割谷类植物的穗部。类似的采集工具，在近代的少数民族中仍在使用，也称"爪镰"。鄂尔多斯早期农耕居民使用的石刀，多数为平面呈长方形的扁平体，一侧长端磨出双面刃，或两端有缺口，或刀身中部有一个或两个并列的钻孔。使用时，在两个缺口间或钻孔中穿入绳索以固定中指，将石刀置于手掌中，采割植物的穗部。

◉ **石磨盘、石磨棒——鄂尔多斯最早的农业居民使用的农作物加工工具**

石磨盘和石磨棒是用于农作物加工的工具。石磨盘大多平面呈圆

石锛、石凿（伊金霍洛旗出土）

第四章 追寻失落的原始农耕部落

磨光石铲（准格尔旗出土）

角长方形，磨面平整。石磨棒横截面呈圆形或近似圆形。加工时将植物的果实放到磨盘上，两手分别握住石磨棒的两端，前后推拉石磨棒，去掉果头外部的硬壳或粉碎果头。

● **石楔、石锛、石凿——鄂尔多斯最早的农业居民使用的木作加工工具**

这类石楔的整体形状与石斧相同，由于在顶部有因受力而形成的疤痕，所以，考古学家将其由石斧中分离出来，定名为石楔，是古人类用于剖解木材的工具。其具体使用方法为：沿将要剖解的圆木的纵向延长线，依次楔入若干个石楔，最后达到剖解的目的。

石锛的整体形状与石斧大致相近，但体积略小，而且前部为向一侧倾斜的直刃，与近代木匠使用的金属锛的形制相同，主要用于木材平整度的细加工。

石楔、石锛等的使用，表明此时的古人类已经脱离了原始的简单木作加工阶段，较娴熟的木作精加工技术的出现，是伴随社会进步人们对物质生活追求的提高和社会分工的具体体现。

● **磨光石铲**

这是当时人们使用的主要掘土工具，亦即文献记载中的"耜"。而那些用精美的"黄河玉"制作的石铲，则很可能是当时的部族、或部落的头领手中所持的特殊用具，也就是进入阶级社会后，王者所执的代表权力、地位象征的"钺"的雏形。

石刮削器（杭锦旗出土）

● 陶、石纺轮——鄂尔多斯最早的农业居民使用的捻线工具

纺轮为一个通体磨制的圆形扁平体，中心钻一空，中间应该插一个细木棍，和近代我国北方农村捻线用的纺轮，没有太大的区别。在鄂尔多斯地区，还没有发现种植、使用棉花的历史，那么他们捻的只能是麻线和毛线了。除石纺轮外，还发现有陶质的纺轮。

● 琢制石镞——鄂尔多斯远古居民特有的狩猎工具

这是一种主要分布在我国长城沿线及以北地区，被称为"细石器"

陶、石纺轮（鄂尔多斯地区出土）

第四章 追寻失落的原始农耕部落

琢制石镞（鄂尔多斯地区出土）

环形砍砸石器（达拉特旗出土）
环形砍砸石器是鄂尔多斯早期农耕居民特有的砍砸工具。

考古学遗存中的典型器物，它兴起于旧石器时代的末期，在新石器时代趋于成熟。它的最大特征就是多以燧石为原料，采用软锤打片，也有的认为是使用胸压法的剥制技术制作而成。打制出的石器形制规整，锋利、狭长且薄的长石叶、三角形石镞、石矛头及各种形制的刮削器等工具，以及楔形、锥状等类型的石核（产生石叶后剩余的核心部分）为其代表作。这些石叶主要用于复合工具如骨柄石刃刀的刃部，在金属工具出现之前，坚硬、锋利的骨柄石刃刀，无疑是十分应手的切割野兽的得力工具；安装上石镞、石矛头的射杀、刺杀工具，无疑极大地增加了杀伤威力；石刃、弧刃刮削器在切割兽皮、剔除兽皮上的油脂等方面可以说是得心应手，而各种直刃、凹刃刮削器在制作骨、角器等方面，则是最理想的工具；尖刃器、雕刻器等在钻孔、雕饰花纹等方面只要兴手拈来即游刃有余。它是北方草原地区以狩猎业为主要社会经济形态的古人类所特有的文化遗存，与中原地区以采集业、原始农业为主要社会经济的古人类集团截然有别，是中华文明大花园中具有鲜明特征的重要组成部分。

● 石璧

最初为人们在祭祀等场合下使用的一种具有特殊含义的用品，是代表着远古先民天圆地方理念的产

石璧（准格尔旗出土）

泥质红陶圜底钵（坟壕墓地出土）

物，后来发展为我国传统的玉礼器中的"六瑞"之一。

2. 坟壕墓地
——鄂尔多斯时代最早的原始社会氏族墓地

位于准格尔旗大路乡的坟壕墓地，为一处距今约6500年仰韶时代早期的古人类墓地，地表出露20余座用竖立的石板围砌成墓室的墓葬，有单人葬、双人合葬和三人合葬，有的为一次葬，有的为二次迁葬，墓穴均东西向，头向东，仰身直肢。多数墓中没有随葬品，个别随葬有泥质红陶圜底钵。坟壕墓地是鄂尔多斯地区迄今为止发现的唯一一处新石器时代古老居民的氏族墓地，是研究鄂尔多斯地区原始社会历史不可多得的珍贵史料。

● 泥质红陶圜底钵——鄂尔多斯最早的农业居民使用的食具

作为食具的陶钵，都选取经过淘洗的陶土来制作，制作出来的器皿质地细腻，器壁光滑，形制规整，美观耐用。部分钵的外壁靠口部绘有一周宽带黑彩，也就是人们常说的"彩陶"，还有部分钵、盆类器物采取覆置叠烧的技术，即把制好阴干的陶钵口朝下一个一个摞起来烧造，这样，裸露在外面的部分和相互套接在一起的部分在烧造的过程中，由于氧化—还原的程度不同，在器物口部的外壁上，就形成了一周宽带红彩，考古学上把这类器物称作"红顶钵"。

3. 瓦窑遗址
——鄂尔多斯最早发现的著名古人类活动遗址之一

瓦窑遗址位于达拉特旗树林召乡瓦窑村罕台川东岸的台地上，面积约10万平方米。时代上起距今约5500多年的仰韶文化晚期，历经春秋、战国，延续到汉代。发现有古人类居住的房址和用于贮存东西的窖穴、烧造陶器的陶窑以及埋葬小孩的瓮棺葬和成人的竖穴土坑墓等。出土了一批珍贵的陶制器皿及日常生产工具、生活用具和装饰品等，有仰韶时代的彩陶钵、弧腹和折腹陶钵、喇叭口尖底陶瓶、侈沿鼓腹陶罐以及磨制而成的石斧、石刀、石环、石磨盘、石磨棒，琢制而成的石镞、石叶、打制的石球。另有春秋、战国时期的铲形足根大袋足陶鬲，汉代折沿陶盆、敛口陶瓮等。为研究当地新石器时代晚期至汉代古人类的社会组织、经济形态、生产力发展水平、生活习俗等等，提供了大量珍贵的资料，在复原鄂尔多斯地区远古历史的进程中，占有十分重要的地位。为鄂尔多斯市重点文物保护单位。

瓦窑遗址的新石器时代考古学文化遗存，代表着鄂尔多斯地区相当于中原仰韶文化晚期阶段古人类的文化面貌和特征。如果说，鄂尔多斯地区相当于仰韶文化早、中期的考古学文化面貌，还具有较多中原文化的特性，谕示着这一阶段生活

海生不浪文化陶器
（鄂尔多斯地区出土）

鄂尔多斯史海钩沉

在鄂尔多斯大地上远古居民的构成，还是以溯黄河故道源源不断北上的以炎帝（半坡文化）、黄帝部族（庙底沟文化）等中原文化区居民为主的话，那么进入仰韶文化晚期阶段，这些远道而来的移民与当地原有的土著居民，在这块丰腴富足的土地上，已经深深地融合在了一起，形成了既属于"炎黄血脉"，又具有鲜明自身特征的鄂尔多斯远古文化，构成了自原始社会晚期以来形成的、与中原文化区分庭抗礼的、以内蒙古中南部为主要分布区的早期北方民族的主体人群。考古学上，把这类文化遗存命名为"海生不浪文化"（也称为"庙子沟文化"）。

4. 喇叭口尖底瓶（酉瓶）
——中国文字起源的见证

喇叭口尖底瓶是"海生不浪文化"时期（距今约5500～5000年前）生活在鄂尔多斯地区的古人类大量使用的一种器皿。最初为单一的汲水用具，古人类把它制成这种形状，主要目的就在于即使把它置于较浅的河床内，其倾斜的姿态，也可以较轻松的为容器注满水，而整体狭长和小口的设置，则便于人们往回搬运并最大限度减少搬运过程中水的外溅。由于其形态颇似一个硕大的

陶喇叭口尖底瓶（达拉特旗奎银生沟遗址出土）

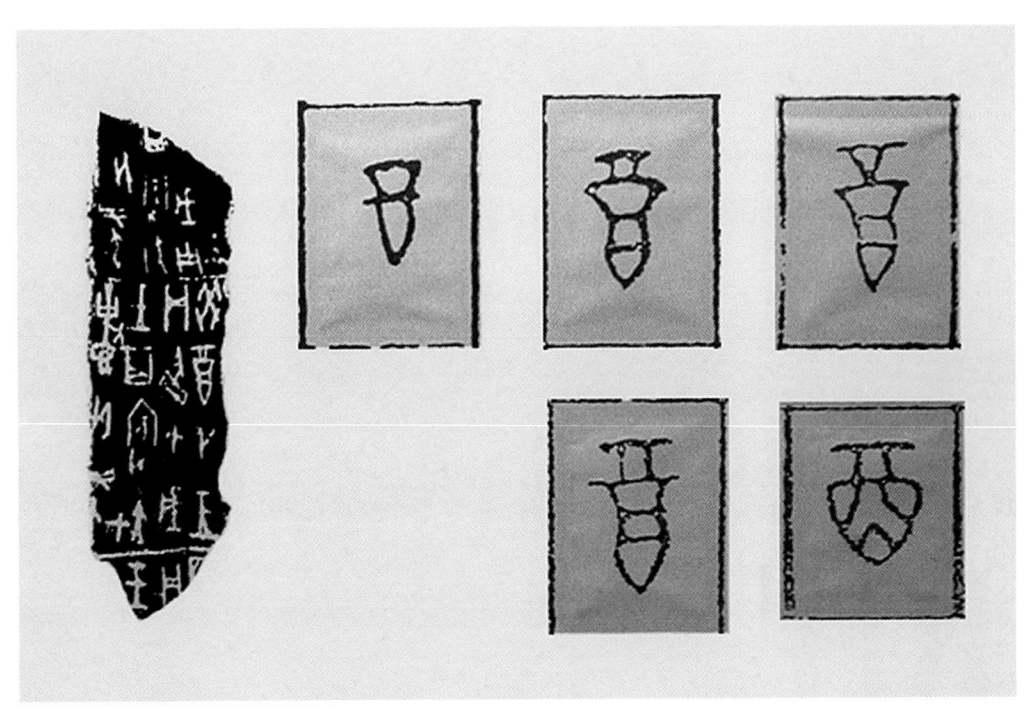

甲骨文、金文、大篆
"酉"字发展示意图

乳房，取之于生命对乳汁的依赖情结，古人类又给予了其企盼人口兴旺、企盼五谷丰产等许多特殊的寄托。由于这种器物的整体形态与商代甲骨文中"酉"字的形态十分接近，因此考古学界也把它称为"酉瓶"。中国最早出现的文字，绝大多数都是象形文字，因此，由这件器物的形态与甲骨文"酉"字的关系可以证明，我国成熟的象形文字形成的时间，至少在仰韶文化晚期阶段，即5500年以前。另外，据目前已知的考古发现可以看出，这种形态的喇叭口尖底瓶，以鄂尔多斯地区发现的数量最多，形态也最接近甲骨文。由此可见生活在鄂尔多斯地区的古人类，在中国文字的产生以及在中华文明的起源和发展历程中发挥的巨大作用。

5. 寨子圪旦遗址
——鄂尔多斯最古老的石筑城址、远东地区的金字塔

寨子圪旦遗址位于准格尔旗窑沟乡百草塔行政村荒地自然村东北南流黄河西岸的一处高地上，东部濒临黄河陡峭的绝壁，南、北分别被小鱼沟及另一条大沟环绕，仅有西部由陡峭的斜坡与外界相连，地势

寨子圪旦遗址全景

十分险要。城址由石筑围墙环绕，依山顶部的自然地形而建，平面形制不大规整，略呈椭圆形，南北最长160米，东西最宽110米，面积约1.5万平方米。石砌墙体底宽4.5米，顶部残宽0.5～3.5米，残高约1.5米。在遗址的中心地带，有一底边长约30米的覆斗形高台建筑基址，其性质应该属于主要履行宗教事务的祭坛遗址。寨子圪旦遗址的时代属于距今5000年左右的仰韶文化（即"海生不浪文化"）向龙山文化（即"永兴店文化"）的过渡阶段，它是中国

第四章 追寻失落的原始农耕部落

寨子圪旦遗址鸟瞰
(摄影：曹建恩)

鄂尔多斯史海钩沉

寨子圪旦遗址全景远眺

鄂尔多斯史海钩沉

陶瓮、瓶、罐、盆（寨子圪旦遗址出土）

北方地区迄今为止发现的时代最早的石城遗址，也是为数极少的、集防御与宗教为一体的原始社会晚期古人类聚落遗址。该遗址应该属于南流黄河西岸数个和其同时代的古人类部落共同拥有，居住在这里的主人，拥有代表人类和天、神沟通的能力，拥有凌驾于其他部落之上的特权，因此无论其构成形态，还是功能、性质等，均堪称远东地区的"金字塔"。寨子圪旦遗址的发现，为中国北方地区新石器时代晚期聚落形态、社会组织以及社会发展进程的研究工作等，提供了全新的珍贵资料。寨子圪旦遗址坚固的石筑围墙以及高高在上的祭坛，虽经历了五千年历史岁月的无情洗涤，却依然生动地再现着鄂尔多斯地区人类文明社会前夜的动荡、激昂、神秘与惨烈。人类社会就是在这样的激荡声中，一步步由新石器时代迈向青铜时代的门槛，并不断向更高的社会发展阶段迈进。而鄂尔多斯的古代人类始终处在这个势不可挡的历史发展洪流的潮头，推波助澜，奋勇向前。

● 陶喇叭口圜底瓶

喇叭口圜底瓶是居住在寨子圪旦遗址内的居民们使用的一种陶制生活器皿，它是由喇叭口尖底瓶发展演变而来的。

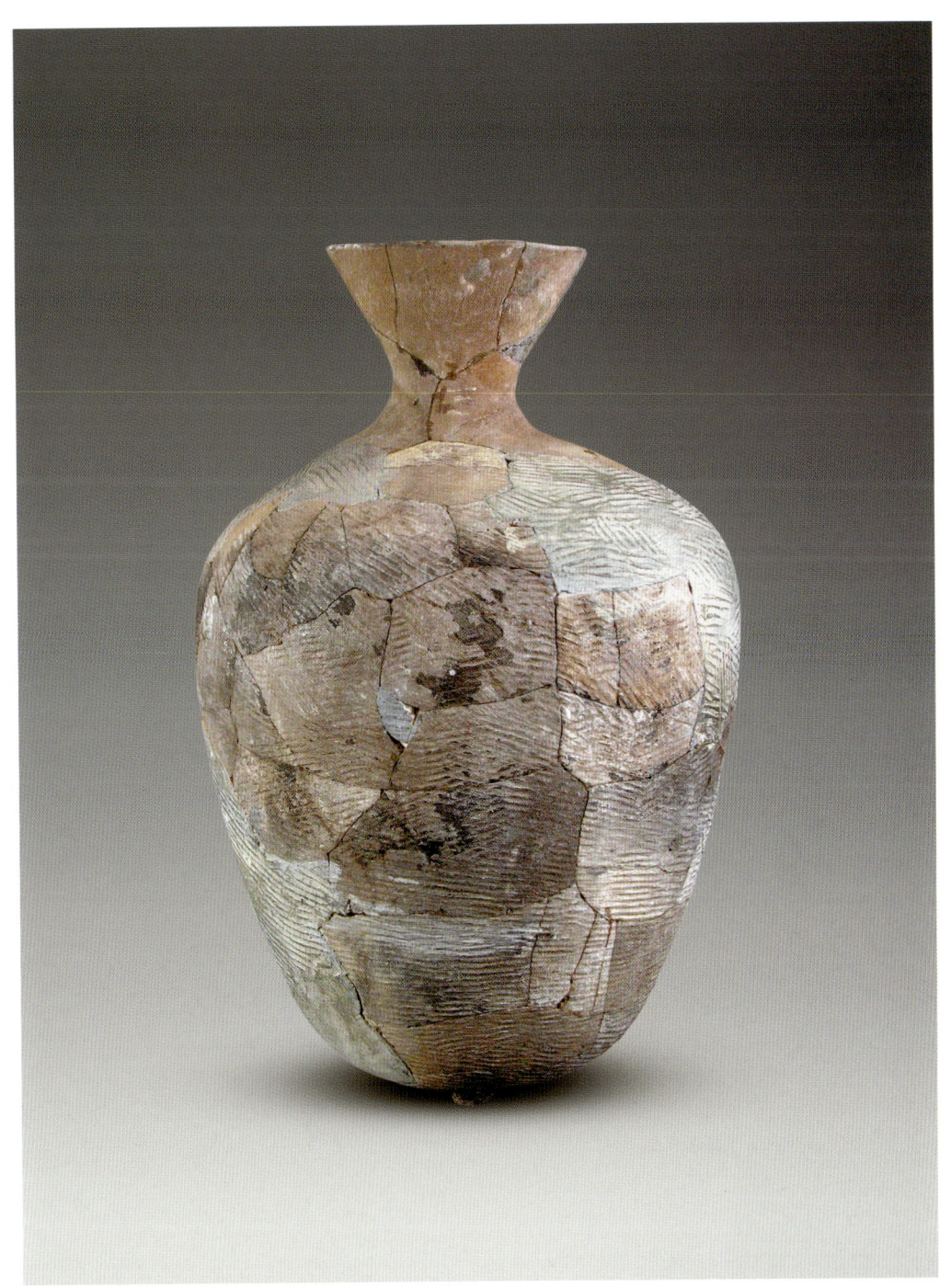

陶喇叭口圜底瓶（寨子圪旦遗址出土）

第四章 追寻失落的原始农耕部落

在构成中华早期文明的核心成分中，有两种生活器皿至关重要，即"陶鼎"和"陶鬲"。它们不仅是当时人们日常生活中所使用的最主要的炊具，而且也是祭祀等重大社会活动中所使用的最重要的器皿，最终构成奴隶社会至高无上的礼制核心。这件喇叭口圜底瓶的制作工艺，再现了构成中国早期文明核心之一的鬲，这种神奇的器皿在鄂尔多斯地区发生、发展的全过程，是见证鄂尔多斯地区的古代文化，在中华文明的形成与发展过程中所处地位的最好物证。

6. 永兴店遗址

位于准格尔旗哈岱高勒乡永兴店村，是一处距今约5000～4200年、属于新石器时代龙山文化时期的古人类活动遗址。1990年为配合准格尔煤田建设工程进行了考古发掘，发现居住房址4座，倾倒垃圾的灰坑（多为废弃的贮存粮食、物品的窖穴）74个，灰沟3条，墓葬5座。房址均为平面呈圆角方形或长方形的半地穴式建筑；墓葬为长方形竖穴土坑墓，单人葬，仰身直肢，头向西北。出土遗物有泥质灰陶斝、篮纹高领罐、双耳罐、豆、尊、夹砂灰陶绳纹鬲、甗、盉以及石斧、石刀、石铲、骨锥、骨凿、骨簪、骨针、陶刀、陶纺轮、陶抹子等，还发现有非常少见的玉环、有烧灼痕的卜骨等。由于其文化面貌独特，代表的是一种自成体系的古人类群体，因此被命名为"永兴店文化"（或称老虎山文化永兴店类型）。

永兴店文化上承当地具有鲜明特征的"海生不浪文化"，与相当于夏商时期的"朱开沟文化"关系密切，承袭、延续发展脉络清晰可辨，在研究整个内蒙古中南部地区原始社会晚期以及青铜时代早期历史领域具有十分重要的地位。

● 陶斝式鬲（大袋足鬲）——中国鬲文化之母

鬲是永兴店文化的居民率先发明并使用的一种炊器。在刚刚懂得用陶器作为蒸煮食物的炊具时，人们使用一种制作起来相对简单的球形腹的夹砂罐，把夹砂罐放在灶面上，周围拢上柴火进行烧烤。为了尽可能的增大受火面积，他们把这种夹砂罐的底部做得很小，下腹做得很坠，这在当时来说已经是很科学、很合理的做法了。随着人类熟食程度的不断增加，人们对炊器的要求越来越高，早年的夹砂罐炊具已经越来越满足不了人们日常的生活所需了。永兴店文化的居民们受来自中原地区的一种炊器——釜形斝的启发，将他们日常使用的汲水器皿——喇叭口圜底瓶的制作工艺和夹砂罐有机结合，就形成了一种新的炊器——鬲。鬲的使用，免去了以往的夹砂罐底部无法受火、热能量利用不足，圜底釜要在底部进行支垫或将炊具进行吊装等诸多不便，最大程度的增大了炊器的受火面积，充分利用了热能源，是炊器发展史上的一次革命，成为整个黄河流域纵贯铜石并用时代、青铜时代近三千年的主流炊具。

另外，鬲并不仅仅因是与人们日常生活最密切关联的炊具而备受关注，它的具有三个硕大的垂乳状袋足的特殊形态，或许早在发明之初，就赋予了人们深深的寄托情结，使之成为祭祀等重大社会活动使用的神圣器皿，并最终成为以鼎、鬲为代表的古代中华文明的重要核心之一。

7. 大口遗址

位于准格尔旗马栅镇大口村东北。坐落在黄河岸边的台地上。1962年发现，1973年进行了小规模的试掘。面积约3万平方米，文化堆积最厚可达3米。发现有房址、灰坑（窖穴）、墓葬等，出土了一批陶器、石器、骨器等遗物。遗存可分为两期，时代分别相当于龙山文化时期和夏代。该遗址是鄂尔多斯地区最早发现的相当于原始社会晚期至青铜时代早期的古人类遗存，曾引起学术界的广泛关注，被称为"大口一期文化"和"大口二期文化"，以后该文化命名分别被"永兴店文化"和"朱开沟文化"所替代。该遗址为准格尔旗重点文物保护单位。

陶大袋足鬲（永兴店遗址出土）

【第五章】

破译尘封已久的历史

在鄂尔多斯市伊金霍洛旗纳林陶亥乡东北，有一个由寥寥3户农家组成的自然小村——朱开沟村。这里丘陵起伏、沟壑纵横，交通闭塞、人烟稀少，自然环境极为恶劣。严重的水土流失和常年的干旱少雨，使大部分可耕种的土地荒芜贫瘠、植被稀少；居住在这里的人们，祖祖辈辈外出都是靠步行或骑小毛驴，即便这样，夏季雨后的洪水，也会肆无忌惮地挟来遍地的乱石，使进出村子的唯一通道、狭窄的朱开沟沟谷内怪石林立、举步艰难。然而，就是这样一个鲜为人知的深山幽僻小村，在1984年的夏季，却被频繁进进出出的各类大小车辆以及熙熙攘

朱开沟遗址地貌
（摄影：田广金）

朱开沟遗址发掘现场
（摄影：田广金）

攘的人群打破了常年的静寂，朱开沟，这三个既寻常、又陌生的字眼，以及以这个名不见经传的小山沟命名的崭新的考古学文化——"朱开沟文化"，也随即登上了各种媒介的舞台，引起国内外专家学者的浓厚兴趣和广泛关注。枝头栖息的鸟儿在喧嚣的嘈杂声中直飞云天，疑惑地望着这片古老、熟悉的土地上从来没有出现过的如此众多的人流；汽车引擎的轰鸣声惊得离穴外出觅食的野兔一阵狂奔，惊魂未定地回头张望着那些来来往往奔跑的、不知打何处钻出来的神奇怪物。是什么打破了这里往日的宁静？又是什么吸引人们纷纷接踵而至，踏上这块默默无闻的、表面看上去与周围荒瘠的土地毫无异样的大地？

原来，这一切变化都源于在这个普普通通的小山沟里，发现了一处被历史湮没了近4000年的古人类活动遗址，它的发现，不仅填补了鄂尔多斯地区夏商阶段考古学文化的空白，破译了一段延续800年、鲜为人知的鄂尔多斯古代历史，而且开启了现代人与先民对话的窗口。古老的朱开沟人正是通过这个时空隧道,一步步走入我们的视野。世世代代居住在这里的乡亲们诧异了,这些整天抬头不见低头见的破瓦片片,居然是如此值钱的宝贝,竟然记录着那么多神奇的奥秘。没人能料到,朱开沟,这个貌似平常的小山沟,竟孕育出了中国北方地区原始社会末期最发达的古代文化。谁人曾知晓,朱开沟,这个名不见经传的小山沟,居然铺垫出中国早期北方民族登上中国乃至世界历史舞台的平坦大道,点燃了北方游牧民族征战历史的星火之源。这就是朱开沟的神奇所在,这就是朱开沟独具震撼力的根源。

1. 朱开沟文化
——再现鄂尔多斯青铜时代早期历史的平台

以伊金霍洛旗纳林陶亥乡朱开沟村遗址的发现而命名。朱开沟遗址的时代上限约相当于距今4200年的龙山时代晚期,下限约相当于距今3500年的商代前期,整个遗址前后延续了约800年。由于具有鲜明的文化特征,故命名为"朱开沟文化"。朱开沟文化的人类集团,以农业经济为主,拥有家畜养殖业、手工制造业、酿酒业等,晚期已掌握了青铜铸

朱开沟遗址房址
(摄影:囗广金)

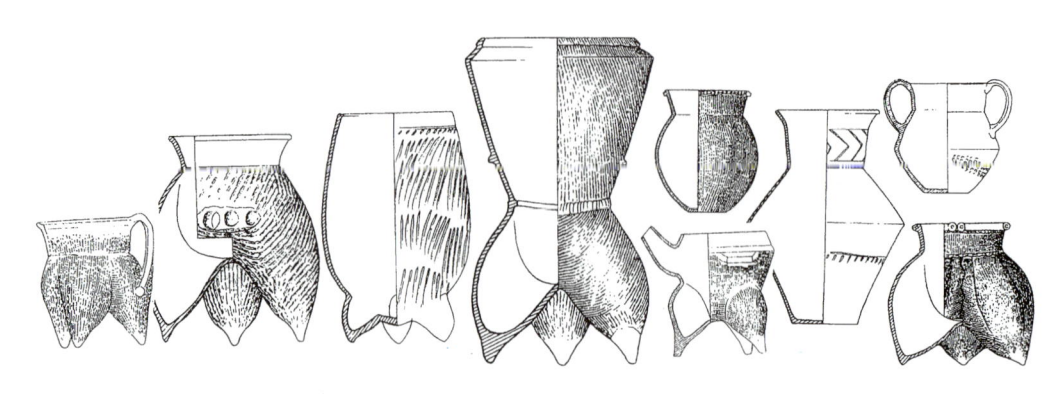

朱开沟文化陶器群(朱开沟遗址出土)

造技术。朱开沟文化时期社会的贫富分化比较显著,私有制已产生,男性对女性行使的权力,已远远超出了夫权的范畴。社会处于父权制高度发达的军事民主制阶段,决不逊色于中原地区同时期人类集团的发展进程,已步入文明社会的门槛。朱开沟文化最后之所以未能完成由原始社会向文明社会的升华,主要是由于逐渐恶化的自然环境的制约而造成的。但在这次恶化的自然环境面前,他们并没有像祖先那样,简单

石刀(朱开沟遗址出土)

石斧（朱开沟遗址出土）

陶鬲（朱开沟遗址出土）

地逐气候而迁徙，而是适时改变土地的利用方式及经济结构，社会经济由农转牧或半农半牧。由此，中国北方畜牧文化的雏形，首先在鄂尔多斯地区从原始农业文化中分离出来，完成了人类历史上的第一次社会大分工，这在中国古代社会发展史上具有划时代的意义。以"鄂尔多斯青铜器"为代表的我国北方游牧民族文化，就是在朱开沟文化的基础上逐步发展起来的。朱开沟文化的发现和确认，极大地推动了内蒙古中南部地区原始社会史和中国古代北方民族史的研究工作。

● **血腥的异性合葬墓——鄂尔多斯文明前夜社会剪影**

在朱开沟遗址发现的异性双人合葬墓中，男性均仰身直肢，面向上，位于墓穴的正中。女性除个别的仰身直肢外，绝大多数都侧身屈肢，面向男子，双手合于胸前，位于男子体侧，作躬敬、屈从状，个别的女性双臂和小腿均交叉叠压作捆绑状，似被绑缚后强行置于男性身边的。朱开沟遗址还发现 8 座异性三人合葬墓，与男性墓主人合葬的，多数为青年女性和儿童，葬式与上相同，分别位于男性的体侧或足下。这种现象折射出在当时的家庭或社会中，男性都居本位，拥有主导、驱使女性的特权，而女性只能居依附、屈

陶高领折腹壶（朱开沟遗址出土）

从于男子的位置。不仅如此,部分男性还拥有强迫女性和儿童为自己陪葬的权势,已远远超出了"夫权"所能拥有的特权。这表明此时的父权制已发展到鼎盛时期,男性对女性的奴役和欺压,无论是形式还是程度,都已具备了阶级社会才应有的特征。因此,朱开沟文化的社会发展阶段,应处于父权制高度发达的"古国"文明后期阶段,决不逊色于中原地区建立中国历史上第一个奴隶制国家——夏王朝的古人类集团的发展进程,已深深步入文明社会的门槛。

朱开沟遗址异性三人合葬墓(摄影:田广金)

● 白敖包墓地

位于伊金霍洛旗布尔台格乡苏勒德霍洛村东的白敖包上，是一处属于朱开沟文化时期的古人类墓地。在该墓地中，有相当一部分墓葬盛行竖穴土坑偏洞室墓的习俗，这是居住在甘肃东部地区的古代先民流行的一种葬俗，在其他的朱开沟文化遗存中较为罕见，它既反映了该墓地居民较为特殊的构成因素，也折射出朱开沟文化在形成和发展过程中所受到的来自西部地区同时期文化的影响。该墓地为鄂尔多斯市重点文物保护单位。

● 蛇纹陶鬲——最具北方草原早期游牧文化特征的陶质生活器皿

砂质灰褐陶，形体一般较小，便于携带。因在器物的领部、裆部以及袋足等部位装饰有近似于爬行蛇状的细泥条附加堆纹，故简称"蛇纹鬲"。蛇纹鬲是伴随朱开沟人生存的自然环境不断向冷、干发展，社会经济由典型的农业经济向半农半牧的转变应运而生，后来成为活动在北方地区的广大畜牧、游牧民族十分喜爱的生活器皿，成为一种游牧文化的象征。

蛇纹陶鬲（朱开沟遗址出土）

陶盉、陶杯（朱开沟遗址出土）

● **陶盉——鄂尔多斯发现的时代最早的温酒器**

盉是鄂尔多斯地区自永兴店文化以来的居民大量使用的一种器皿，到朱开沟文化时期达到了极盛。这种器物设三个乳状袋足以及袋足外部的烟灼痕，界定了它一定和火有关，而管状流的设置则明确无误的表明，器皿内盛置的是液体，因此这类器皿的功用就应是把自身盛置的液体加热后注入其他的容器。结合遗址中与之伴出的大大小小、形态各异的陶杯、陶壶等，考古学家们确定它的用途为温酒器。

陶盉在鄂尔多斯地区这个时期的遗址中大量出现，说明饮酒已经成为当时古人类日程生活中的一项重要的内容，不仅表明当时的酿酒业已经发展到了相当的程度，而且也反映了酿酒业赖以生存的农业经济的发展水平。

● **陶甗——最古老的蒸、煮一体的炊具**

甗也是"朱开沟文化"居民的一种重要炊器。在甗发明以前，人们要蒸制食物的时候，就把食物放入一个类似于盆的形状、底部有网眼状孔叫做甑的器皿内，置于夹砂罐上来进行。由于甑的底部与罐的口部难免有空隙，蒸制时要浪费很多热能，所以后来的人们就改制成了这样的连体炊具。朱开沟遗址发现的甗数

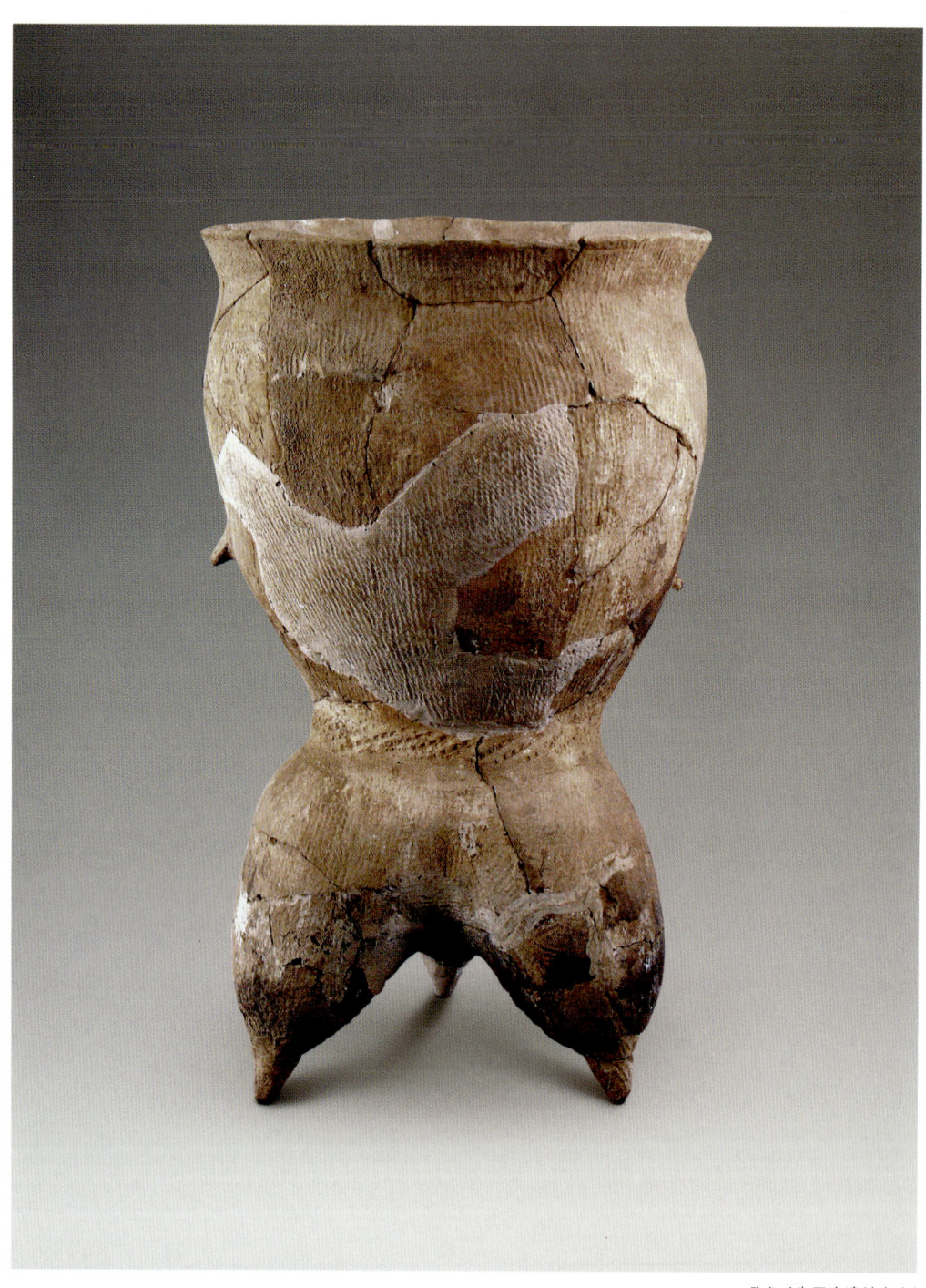

陶甗（朱开沟遗址出土）

量众多，反映出蒸制的食物在人们的日常生活中占有很大的比重。部分形体特别浑大的甗除日常生活中用作炊具外，还是"朱开沟文化"居民葬殓儿童时经常使用的瓮棺葬具。

● **三足陶瓮——鄂尔多斯远古居民发明的最具特色的盛储器皿**

这种上部呈浑圆的卵形、下附三个低矮的乳状袋足的器皿，考古学上称为三足瓮或卵形瓮，是"朱开沟文化"居民置于室内、贮存粮食一类物品的用具。中国著名考古学家苏秉琦先生在谈到中国北方古代文化对中华文明的贡献时，曾激情洋溢的写过一首诗，其中的一句为"大青山下斝与瓮"，这里的斝指的就是在炊器发展史上具有划时代意义的器皿鬲的前身——斝式鬲，而瓮呢，就是这种形体胖乎乎的三足瓮。三足瓮不仅是"朱开沟文化"居民特有的一种生活用具，而且也是南流黄河两岸铜石并用时代以来古人类集团普遍使用的一种非常具有特色的器皿，一直到西周时期仍在大量使用。有关三足瓮的起源问题，考古学界的观点较为一致，普遍认为就在晋中和内蒙古中南部地区，因为这两个地区一直是三足瓮分布最集中、发现数量最多的地区。但学术界也有一种十分强硬的观点，认为三足瓮就起源于内蒙古中南部地区，它

三足陶瓮（朱开沟遗址出土）

同大袋足鬲、敛口直腹甗等器皿一样，都是"朱开沟文化"居民的祖先率先发明创造的，然后沿黄河南下，完成了向晋中等地区的传播与辐射。三足瓮下部的乳状袋足，应该同样寄寓着创造者企盼丰产的初衷。

● **方格纹单把陶鬲——展示鄂尔多斯远古居民最高制陶工艺的产品**

单把鬲是"朱开沟文化"居民墓葬随葬品中的主要组成部分，形体一般比较小，鬲体的一侧设置一个便于把持的扁平器把，故称单把鬲。它的功用有些像我们现在分餐制食火锅时的小火锅，每人一个，在食用的过程中不断加温。朱开沟遗址发现的单把鬲大多制作十分规整，特别是那些饰方格纹的单把鬲，不仅制作工艺非常高超，而且规整划一，如果不是专业陶工，很难达到如此境界。因此推测朱开沟文化阶段已经出现了专业的陶工。朱开沟遗址发现的单把鬲，多数袋足以及裆部都留有明显的烟灼痕，证明它们应该是当时的实用器皿，随主人一起下葬的。而部分则没有任何使用的痕迹，有的形体还非常小，如同玩具，应该是为死者到另外一个世界

方格纹单把陶鬲（朱开沟遗址出土）

磨光石镰（朱开沟遗址出土）

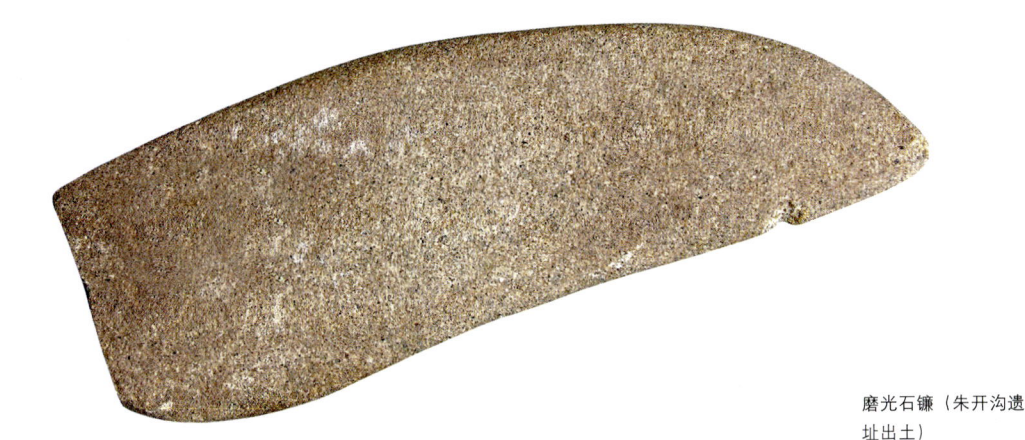

去使用而专门制作的冥器。

● 磨光石镰——鄂尔多斯发现最早的镰刀

镰刀在20世纪的中国农村仍是传统农业的主要收割工具，而生活在4000年前的朱开沟人，已经在使用和其形制相同的石镰了，足见当时农业经济的发展程度绝非一般。

● 卜骨——沟通神灵的使者

当古人在遇到不同寻常的自然现象时，总要进行一些占卜活动，以辨凶吉；当部落或家族要举行重大事情的时候，也要事先进行占卜，以预测成败与否。占卜的形式很多，卜骨占术是北方地区最常见的一种形式。

最初在举行占卜活动的时候，先要对占物（多为牛或鹿的肩胛骨，亦有的为龟的腹板等，意寓将代表上天的旨意）表述所要询问之事，之后在卜骨的一侧用火集中灼烧一点，然后依照被灼烧处背部骨面所显现的卜兆（即开裂的纹痕），来判断所求问事情的凶吉。随着占卜活动的发展，巫师为了掌握占卜结果的主动权，让卜兆按照自己的意愿来显现，以达到控制"上帝"意旨的目的，就开始对所用的胛骨进行进一步的加工，这种人为加工的迹象，在考古学上的专业术语就叫做"钻"和"凿"。所谓"钻"，就是在将要烧灼的地方，事先钻一个圆坑，占卜者用所钻圆坑底部深度的不同，来控制希望显现的卜兆的方向。而"凿"呢，则是在要烧灼的地方，刻、挖出一个平面呈长六边形的坑，同样利用坑底部深度的不同，来控制卜兆显现的方向。"钻"出现的时间比"凿"要相对早些,"钻"和"凿"有的单独使用,有的两种方法并用,即在"钻"的一侧,再刻一"凿",这是巫师采取的更进一步的措施,类似于今天我们所讲的"双保险"的功能,代表着卜骨占卜的最高水平。

朱开沟遗址发现的卜骨,所用材料主要是牛和鹿的肩胛骨,另外还有少量的猪、羊、骆驼和熊的肩胛骨。多数卜骨在使用前都对所选用的骨料进行刻意加工,最常见的方法是将肩胛岗后缘修平,部分将关节角或关节颈亦去掉,仅有少数直接使用未加整治的骨料。发现的卜骨多数都有灼有钻,少数只灼不钻,还没有发现有凿者。

● 鄂尔多斯迄今所见时代最早、保存最好的古代陶窑

将制作好的陶器阴干后,就可以放到烧窑中进行烧造了。鄂尔多斯的古代居民采用什么样的陶窑来烧造陶器呢?朱开沟遗址为我们揭示了一座鄂尔多斯地区目前所知时代最早、保存最好的陶窑。

陶窑建在居住址内,在一坡度较大的地方依地势直接挖就而成。窑室位于坡的上方,先剥离出一个与地形走势垂直的立面,挖个拱形窑门,然后向里掏平面略呈椭圆形、直径约1.5米、四壁垂直、向上成穹庐顶的窑室。再在窑室的前下方挖

卜骨(朱开沟遗址出土)
(摄影:高娃)

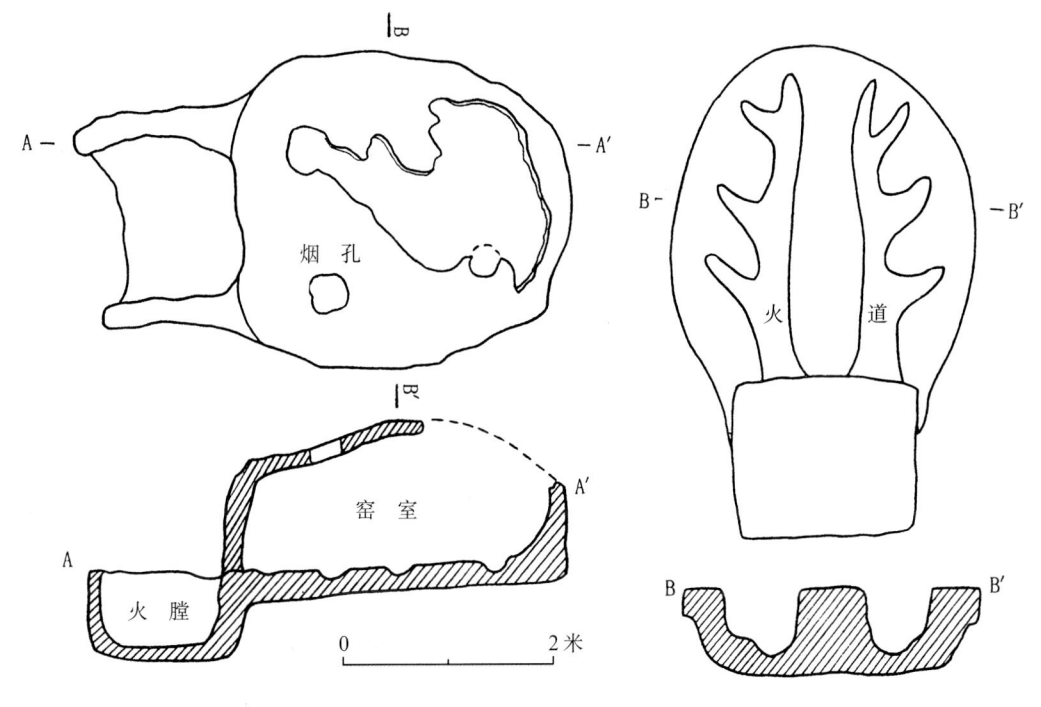

朱开沟遗址出土陶窑

一个燃烧用的火膛，为了使窑内的火焰均匀，在窑室的底部由火膛口至窑室的后部，修建两条呈"非"字形的火道。最后在穹庐顶上开几个火焰口，陶窑便做成了。烧制陶器时，从窑门处把阴干的陶器摆放在窑室内，然后用泥巴封堵窑门，在火膛内烧火，火焰沿火道进入窑室循环后从火焰口排出。烧陶人要根据经验随时掌握火焰的强度并熄火密封陶窑。待充分还原后，方可开窑，陶器才算烧造成功。由于朱开沟遗址所发现陶器的颜色，都是较为纯正的灰褐色和灰色，因此推测他们已经十分娴熟的掌握了烧造陶器时的密封阴窑技术，否则窑内就形不成良好的还原气氛，烧造出的陶器颜色就无法保证。朱开沟人陶器的烧制火候普遍都较高，器壁坚硬，颜色纯正。由于朱开沟本地不仅盛产煤炭，而且埋藏的也较浅，另外在遗址中也发现有相当数量的类似于泥煤或褐煤块的物质，因此，不排除朱开沟人使用煤炭烧制陶器的可能性，但从朱开沟遗址已经发现的两座陶窑的结构分析，似乎使用木材烧窑的可能性更大。

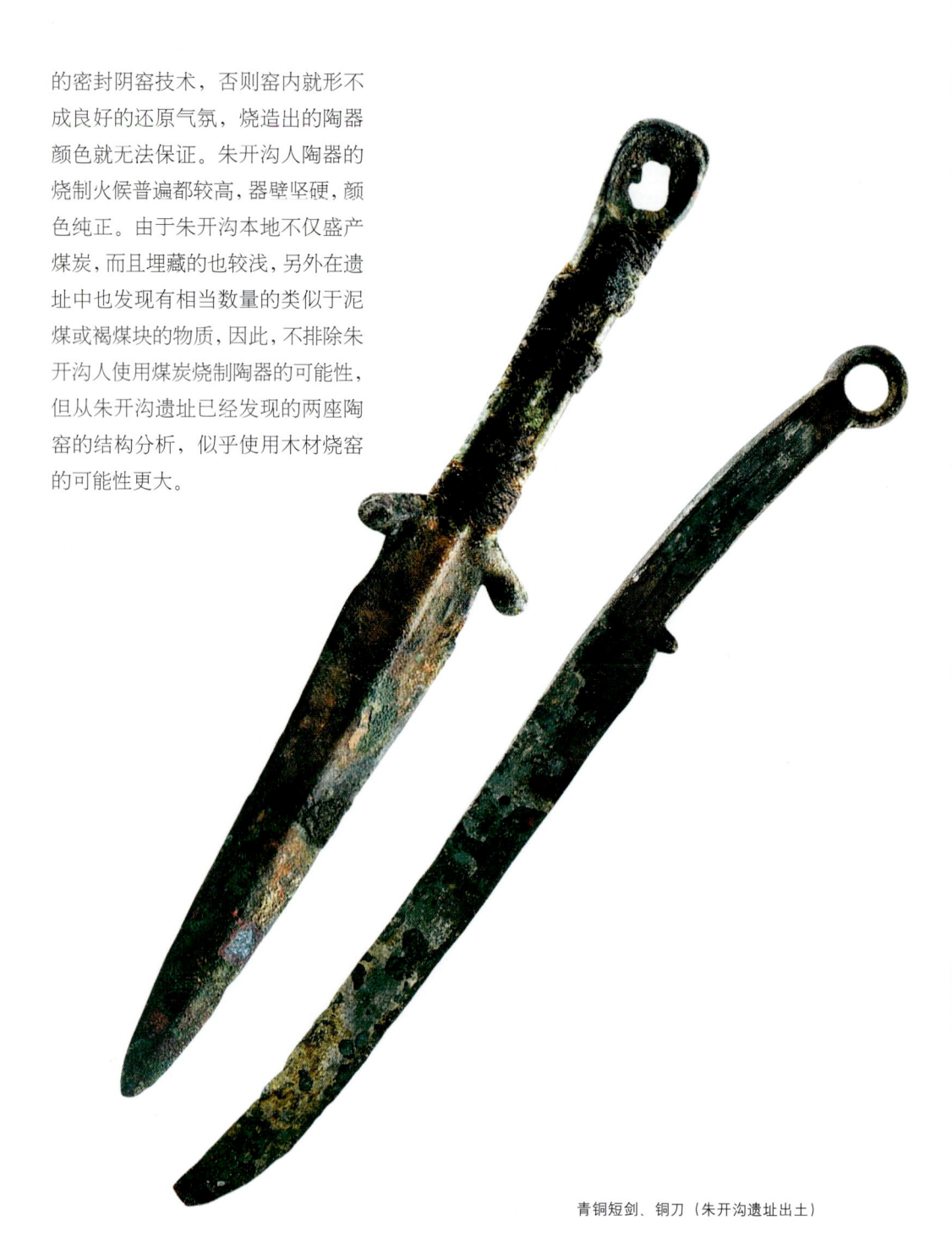

青铜短剑、铜刀（朱开沟遗址出土）

青铜器（朱开沟遗址出土）

2. 朱开沟
——孕育中国早期北方民族的沃土

通过对朱开沟遗址文化特征的分析可知，在大约距今4200～3500年前，在以鄂尔多斯地区为中心的中国北方广大区域内，居住着一支具有明显自身特征的人类集团。这支人类集团是以自仰韶时代晚期（大约距今4500年）以来，在本地区活动的"海生不浪文化"、"永兴店文化"为主体构成的人群延续发展下来的，同时也吸收、结合了部分来自周邻地区人类群体的文化因素。他们共同创造了鄂尔多斯地区原始社会末期的辉煌历史篇章，同时对周邻地区的人类集团，也产生了极为深远的影响。至商代晚期时，活跃在整个中国北方长城地带的，便是由该人类集团的后裔为主体因素构成的若干文化集团。他们既与中原地区的农耕民族具有亲密的血缘关系，同时也具有鲜明的自身特征，是目前所知最早的具有自身显著文化特

双耳蛇纹陶鬲（朱开沟遗址出土）

征的北方民族，也就是中国古代文献记载的、活动在中原商王朝北疆的"鬼方"、"土方"、"舌方"等北方民族。他们的社会经济和军事实力都比较强大，不仅成为中原王朝向北扩张的障碍，甚至构成了对中原王朝的威胁，以至于中原王朝不得不屡屡向北方用兵。商王武丁便大举用兵北征，征伐"土方"、"舌方"时，每次动用兵力三千至五千人，而征伐鬼方时，除动用本国的兵力外，还调动了西部属国的军队，用了三年的时间才最后取得胜利。

朱开沟遗址向人们展示了这样一段鲜为人知的社会发展历程，公元前2000年前后，随着西部干冷气候的东侵，在广袤的中国北方大地上生活繁衍的古代原始农业民族，又一次经历到严酷的自然灾难。众多的部族只能依照世世代代沿袭下来的传统方式，忍痛放弃赖以生存的土地，无可奈何地踏上漫漫迁徙之路，去寻求新的生存空间。而以朱开沟文化为代表的人类集团及它的后继者们，则凭借着以发达的原始农业、家畜养殖业以及制陶、制骨等手工业为依托的经济基础和先进的社会发展进程造就的智慧和才干，在越来越不适应农业生产发展的气候面前，适时转变土地利用方式和经济形态，与大自然顽强抗衡。在传统的依赖原始农业为主导的社会经济基础上，不断加大家畜养殖，特别是牛、羊等食草动物的饲养程度，经济形态由农转牧或半农半牧，社会经济的主导地位最终被牧业经济所取代，率先完成了人类历史上的第一次社会大分工，为人类社会的发展作出了杰出的贡献。

经济形态的转变，必然导致人们生活习俗的改变，自然也导致了代表当时人类集团文化载体的考古学文化面貌的改变，这一改变的标识物，便是最具北方游牧民族文化特征的鄂尔多斯青铜短剑、青铜刀、蛇纹鬲、砂质带纽罐等器物的出现。正是这些变化，才引出了中原华夏诸族与北方民族的分野，以畜牧业经济为社会主导经济的中国北方民族，从此正式登上了历史的大舞台。

虎头内青铜戈（朱开沟遗址出土）
这是朱开沟遗址发现的青铜兵器——虎头内戈，它虽然是北方草原民族借鉴或吸纳于中原农耕民族的一种长柄兵器，但在戈的援部后端，装饰有一只展现北方草原文化特征的虎头形图案。两种不同的文化，虽然由于经济形态的不同，双方始终处于分道扬镳的境地，但由于千丝万缕的联系，它们还是在这里有机地融合在了一起。

【第六章】

璀璨的草原青铜文明

青铜是人类历史上的一项伟大发明，是世界冶金铸造史上最早的合金。古人类在烧制陶器等的过程中，首先认识的金属是红铜（纯铜），经过长期的社会实践，他们发现在红铜中加入一定比例的锡、铅等，会大大增加铜制品的硬度，制作出来的器物更加坚硬、锋利、耐用。这种合金在我国的古代文献中称之为"金"，由于这种合金历经几千年的化学反应后，表面出现的是一层青灰色的锈，所以后人称它为"青铜"，把用青铜冶炼、铸造成的金属器皿，叫做"青铜器"。考古学上，把人类使用青铜制品的时代，叫做"青铜时代"。就中国的具体实情而言，考古学上所指的"青铜时代"，大体相当于以夏、商、西周、东周为代表的奴隶社会发展阶段。

青铜器是伴随社会生产力的发展运用而生的，而社会生产力的飞速发展，也带来了上层建筑的一系列变革，因此，青铜器的出现，不仅仅是人类历史上生产工具的一次革命，更重要的是人类从此脱离了原始社会的羁绊，进入了文明社会的历程。

青铜器在中国古代社会的物质文明和精神文明体系中占据着独特的地位，青铜器与青铜工艺的发展演化，反映的不仅仅是当时社会的物质进化史，更多展现的是当时社会的综合发展史。青铜器最初的出现，虽然与人类在漫长的进化道路上所使用的石器、陶器等一样，主要用于与人类生活息息相关的日常物品，但青铜原料的稀有和青铜铸造工艺的先进性，使它最终走上了与同类截然不同的发展道路。在中原地区以青铜鼎、鬲、簋、尊、盘、爵等为代表的农耕民族青铜文明中，这些珍贵的器皿在具有炊具、食具、酒具、盛储器等实用功能的同时，更多的则成为权利、身份、地位等象征的礼器。而在以"鄂尔多斯青铜器"为代表的中国早期北方民族青铜文化中，青铜器则一直作为人们的日常生活用品，伴随生活在以鄂尔多斯高原为中心的北方长城沿线地带的土著居民，在中原农耕民族步入文明社会门槛之时，面对生态环境向冷、干方向的不断恶化，一步步走向畜牧经济，最终完成了与中原农耕文明的分野，成为雄霸草原的马背民族。以"鄂尔多斯青铜器"为代表的新兴青铜文明的出现，不仅对中国畜牧—游牧业经济的产生和发展具有决定性的意义，拉开了北方游牧民族在中国历史大舞台上活动的帷幕，同时对于推进中国古代社会的发展以及与世界的文化交往等都发挥了十分重要的作用，在中国乃至世界历史上都产生了深远的影响。

1. 闻名遐迩的鄂尔多斯青铜器

从19世纪末叶开始，陆续出土于我国北方长城沿线地带的大量以装饰动物纹为特征，具有浓郁的游牧民族文化特征的青铜及金、银制品，引起了世人的关注，因以鄂尔多斯地区发现数量最多、分布最集中、最具特征而被称作"鄂尔多斯青铜器"。它是相当于春秋至西汉时期（约公元前8～前2世纪）中国北方草原民族的代表性器物之一，是以狄—匈奴为代表的中国早期畜牧民族的物质遗存，其文化内涵丰富、特征鲜明、延续时间长、分布地域广。由于其与欧亚草原民族文化有着十分密切的关系，因此，对"鄂尔多斯青铜器"的研究，已成为一门世界性的学术课题。"鄂尔多斯青铜器"多为实用器，按用途可分为兵器和工具、装饰品、生活用具及车马器四大类，以短剑、铜刀、鹤嘴斧、棍棒头、各类动物纹饰牌、饰件、扣饰等为主，尤以大量动物纹装饰最具特征。动物纹的种类有虎、豹、狼、狐狸、野猪、鹿、马、羊、牛、骆驼、刺猬、飞禽等，多采用圆雕、浮雕、透雕等装饰手法，内容丰富，造型生动，工艺娴熟，以其复杂巧妙的图案构思、独特的艺术风格和优美的造型而享誉海内外。

以造型生动、特征鲜明、寓意深刻著称的"鄂尔多斯青铜器"为代表的纯朴、豪放、生机盎然的北国草原风，宛如诠释中国北方草原民族历史优美画卷中的一部精美篇章。一件件饱含生动、奔放、野性、彪悍个性的"鄂尔多斯青铜器"，生动地再现了两千多年前发生在中国北方草原地带的一景一幕，透过"鄂尔多斯青铜器"这支独放异彩的奇葩，人们不仅对中国古代北方游牧文明有了全新的了解，同时对于古老的多元一体的中华文明也有了全面的感悟。

● 鹰形金冠——保存最完整的早期北方民族金冠饰

鹰形金冠出土于杭锦旗阿鲁柴登。是一套由黄金制成的冠饰，重约1400克，金碧辉煌，制作精美，融铸造、锻压、捶打、抽丝等先进技术于一身。上部是一只昂首傲立、展翅欲翔的雄鹰，脚下半圆形球体上浮雕一周狼噬咬盘角羊的图案。下部冠带由三条半圆形图案带组成，主体部分为绳索纹，相互连接部的两端分别铸造浮雕的虎、马、羊图案，造型生动、逼真。整套冠饰显示出一派威猛的雄鹰高高在上，鸟瞰草原上虎狼咬噬马羊、弱肉强食的生动画面，寓意着佩戴者翱游太空，俯视草原，统领大地的豪迈气概。它是战国

鹰形金冠（阿鲁柴登战国墓葬出土）

第六章　璀璨的草原青铜文明

金凤冠（西沟畔汉墓出土）

时期活动在鄂尔多斯地区的早期北方民族部落首领的头饰，是迄今为止发现的唯一一套"胡冠"实物，稀世罕见，弥足珍贵。

● 金凤冠——罕见的早期北方民族女性冠饰

金凤冠出土于准格尔旗布尔陶亥乡西沟畔村汉代墓葬。为一套罕见的早期北方民族贵妇人的头饰，"凤冠"的上部由云形金花片、椭圆形、五边形嵌蚌金饰件组成，下缘围绕数周长条云纹形金花片及由小方形金串珠构成的流苏。一副耳坠由金耳环、长方形鹿纹金饰牌、方形嵌蚌金串饰、包金边玉佩等组成，另外还有由水晶珠、玛瑙珠、琉璃珠、琥珀珠串成的项饰。雍容华贵，亮丽异常。这套装饰的主流风格应来自中原文化的影响，但其中的鹿形等动物纹饰则是典型的草原文化的特征，而琉璃珠、琥珀珠等是盛产于中亚地区的物品，嵌蚌、镶嵌绿松石、包金边以及周边的联珠纹工艺等，却是波斯以及地中海古希腊、罗马等西方古文明特有的作风。因此，它不仅是"鄂尔多斯青铜器"中的精品，国宝级文物，同时也是研究汉代以前中原与北方草原民族以及整个欧亚草原地区东西方文化交流的极好物证。

● 包金卧羊带具——等级最高的腰带饰

出土于准格尔旗西沟畔汉代墓葬。由带饰和带扣组合而成，一套4件，均铁芯包金。带饰平面呈长方形，用金片捶揲成卧羊形高浮雕图案，羊呈卧状抬头前视，羊角弯曲盘于头上，四肢内曲，羊身周围有卷云纹图案。铁质后背平整。带扣呈长方形环状，用金片捶揲成卷云纹图案。扣合时带饰背部的钩纽搭入带扣的狭长孔内，两个羊头相抵，整套带饰金光灿灿，豪华显贵无比，是迄今所见"鄂尔多斯青铜器"中绝无仅有的珍贵艺术品之一。

包金卧羊带具（西沟畔汉墓出土）

● **青铜短剑——最受早期北方民族男子汉青睐的用具**

青铜短剑多直柄，柳叶形剑身，直刃，剑脊隆起。剑身与剑柄处出"一"字形或扁圆突状格。通长约22～30厘米。

早期北方民族彪悍尚武，短剑是成年男子必备之物。由于短剑既是他们马上近距离进攻的利器，也是贴身搏斗和护身的武器，同时还具有一个勇士的身份及对战神崇拜的双重象征，所以他们对短剑倍加宠爱。在制作上不仅坚固、锋利、实用，而且非常重视对它的装饰，整体通透一种威严而庄重的气势。早期

青铜短剑（鄂尔多斯及周边地区出土）

青铜短剑（鄂尔多斯及周边地区出土）

青铜短剑（鄂尔多斯及周边地区出土）

第六章　璀璨的草原青铜文明

的短剑剑身略弯,剑柄端装饰空心球形饰物或圆雕的动物形象;晚期剑身直,剑柄端的装饰也由抽象的动物进一步简化为双环或单环形。

早期北方民族使用的短剑要远远小于中原农耕民族青铜剑的长度,究其原因,一方面可能是由于青铜冶铸技术上的差异造成的,另一方面可能是在昭示马背民族勇猛、彪悍,敢于近身肉搏的精神,同时也说明他们对阵时,制胜的法宝并不仅仅在于手中的兵器,很大程度上要归根于群体急马奔腾时形成的冲击、震撼和威慑力。

● **龙首、铃首、蛇首青铜匕**

这里所讲的"匕",是指古代人进餐时使用的、具有类似于勺、叉功能的扁长条形食具,并非现代人心目中"匕首"的含义。

青铜匕整体细长、或直或略弯曲,匕首柄端装饰有圆雕的蛇首、龙首、羊首或鹿首造型以及镂孔的球形铃状物,刃端或呈圆弧状,或呈直刃微弧状,或呈斜弧刃状。有些匕身的一侧或两侧装饰有数个圆环,有些圆环内还连接有环形或坠形饰物。造型别致,制作精美。这类器皿的一

龙首、铃首、蛇首青铜匕(鄂尔多斯及周边地区出土)

个共同特点就是刃部不锋利,有的还很钝笨,不似日常生活中经常使用的切割、穿刺用具,显然并非普通生活用品。结合其精美的造型、华丽的装饰等综合分析,应该是一种在祭祀等特殊的场合下使用的,类似于匙、叉类功用的器具。

文献记载匈奴盟誓活动时:有"单于以径路刀、金留犁挠酒"的话语。专家考证这里所讲的"金",就是古人专指的青铜,"留犁",即饭匕,"挠",即搅和之意。因此,这段文献记载中匈奴单于调酒使用的饭匕——"金留犁",即有可能就是这些柄部装饰豪华的青铜龙首、鹿首或蛇首匕。

● 青铜刀——最常见的早期北方民族生活用具

青铜刀是当时人们使用最频繁

铃首、动物纹柄首青铜刀(鄂尔多斯及周边地区出土)

动物纹柄青铜刀（鄂尔
多斯及周边地区出土）

的工具之一，大小不一，形状各异。形体较大，刀身较直者应多用于动物的宰杀、切割等；刀身较短的可能用于日常生活及劳作，而刀身呈圆弧形的则应是主要用于皮革加工等。形制多样的各式青铜刀不仅数量众多，而且刀柄部都装饰有造型精美、样式繁杂的纹饰，柄端有的圆雕伫立的马、羊或鹿首、龙首等动物形象，多数则为便于佩挂的环状及圆形或三角形镂孔，表现出人们对它的一种器重与偏爱之情。

● **青铜棍棒头、流星锤**

青铜棍棒头、流星锤是"鄂尔多斯青铜器"中最富有特征的器物之

青铜棍棒头（鄂尔多斯地区出土）

青铜流星锤（鄂尔多斯地区出土）

第六章 璀璨的草原青铜文明

一。整体多呈六棱形、八棱形或瓜瓣形，棱平面上有的设尖状突起。棍棒头中心有圆形銎孔，是一种装柄使用的砸击工具。流星锤则在一个棱面上有圆形环纽，是两个或两个以上一组，彼此用绳索相连，抛掷出去击打、羁绊动物的工具。主要用于狩猎活动，但也不排除在军事行动中作为武器使用的可能性。另外，棍棒头同时还用作权杖的杖首，《匈奴传》载："左右骨都侯辅政"，骨都侯辅佐单于行使权力，即用此棍棒头作为权杖。"骨朵"即"骨都"，这一后来出现的对北方民族武士使用的一种类似于狼牙棒武器的称谓，即由此演化而来。

● 青铜鹤嘴斧

青铜鹤嘴斧也是鄂尔多斯青铜器中最富有特征的器物之一。整体略呈圆柱状，前端细长、后端短粗，中部鼓凸有用于安柄的椭圆形銎，侧面观与鹤等大型飞禽的头部十分相似，故名，是一种具有相当威力的装柄使用的啄击工具。

● 青铜斧、凿、锥

早期北方民族是引弓之族，弓箭是他们日常生活的重要工具和进攻、防御的重要武器。早期北方民族不仅住毡帐，使用大量的皮革制品，而且为了迁徙的方便，除了用马来驮运外，还发明了马、牛挽拉的车舆。"鄂尔多斯青铜器"中大量的斧、凿、锥等，便是人们完成这些社会、家庭劳作的主要工具。

● 动物形青铜杖首

据民族学和考古学的研究成果可知：崇拜大自然中的生物，将它

青铜鹤嘴斧（杭锦旗出土）

青铜斧(鄂尔多斯地区出土)

青铜凿(鄂尔多斯地区出土)

鄂尔多斯史海钩沉

青铜锥（鄂尔多斯地区出土）

人面纹青铜锥（鄂尔多斯地区出土）

动物形青铜杖首（鄂尔多斯地区出土）

125 第六章 璀璨的草原青铜文明

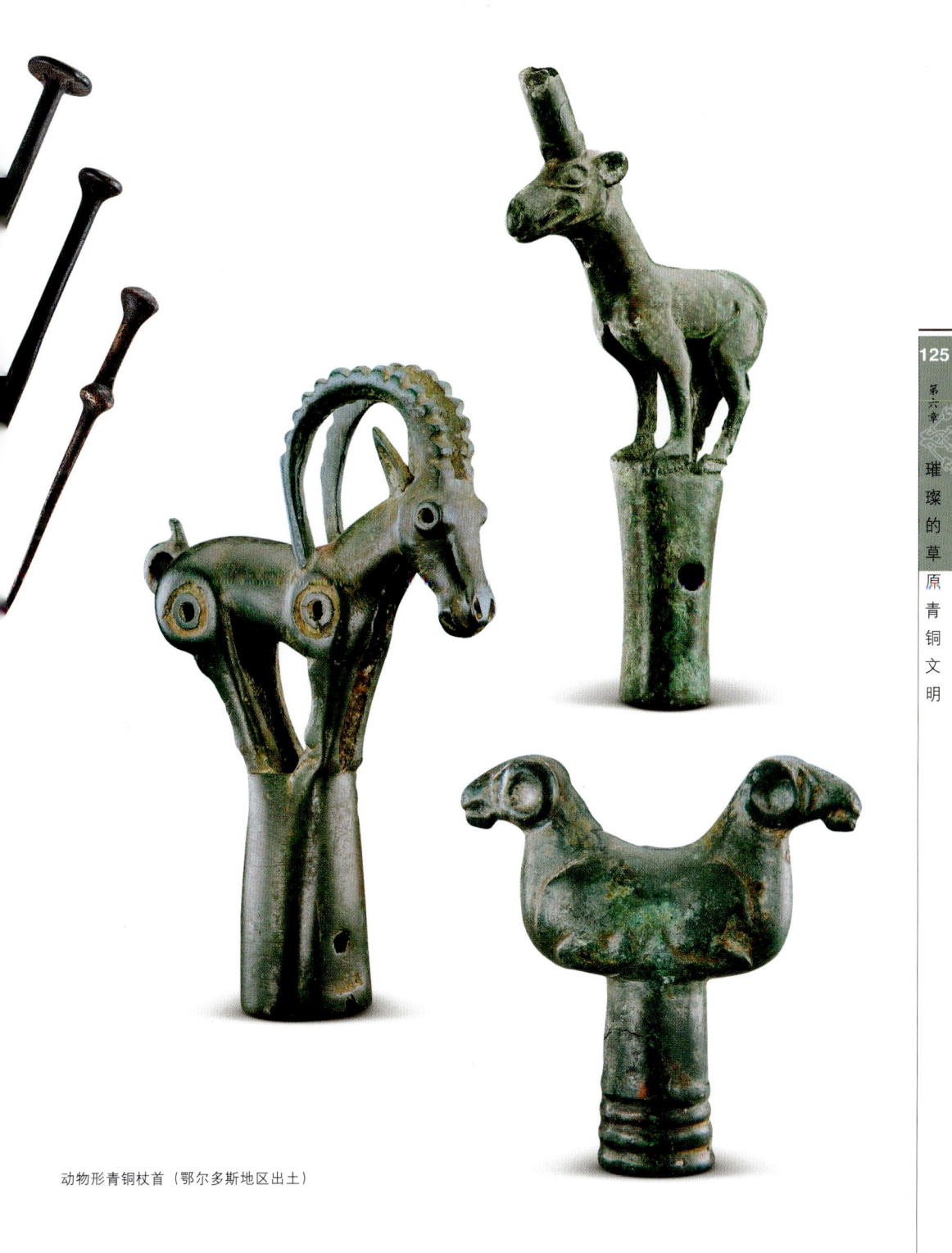

们视为图腾，依仗它的神力保佑族群的平安，这是许多原始民族共同的习俗。而将崇拜物形象装饰于杆顶或杖端，则是早期北方民族图腾崇拜的另一种表现形式。一方面，它是由图腾柱古俗衍生出的一种更适宜于游牧民族的生活习俗，代表当时社会集团中不同血源人群的崇拜物和标识物。另一方面，它又将祖先崇拜、神灵崇拜与地位、身份相结合，成为权利的象征。这类包括伫立的羚羊、卧马、狻猊等在内的圆雕青铜饰件，就应该是具备神权、宗族权或地位标示功能的权杖的杖首。

● 鹤头形青铜杖首

这是一类特殊的青铜杖首，它整体呈鹤首形，长喙，或直或钩或曲，圆眼，中空。过去曾有人称其为"鹤嘴锄"，认为是一种装柄后点种用的农业工具，即使用者一手持器柄，一手持植物的种子，边行走边将鹤喙插入土中，在拔出的同时将籽种放入形成的小孔中，随后轻轻一踩，一株植物的播种便算完成。这样的推测并不是没有道理，在近代许多处于刀耕火种原始农业发展阶段的民族，依然在采用这种播种方法。

鹤头形青铜杖首（鄂尔多斯地区出土）

但是把"鄂尔多斯青铜器"中的这种器物解释为点种用的农业工具，恐怕还很值得商榷。因以"鄂尔多斯青铜器"为代表的北方草原民族，其社会经济形态以游牧经济为主，虽然存在一定程度的原始农业经济，但用十分珍贵的青铜来制作在社会生活中并不占有多大份额的农业工具，不大合乎情理。那么，它究竟是干什么用的呢？

我国古代有一种被称为"鸠杖"的特殊物品，文献记载：周人即有献鸠敬老的风俗。而《后汉书·礼仪志》更是明确记载："年始七十者，授之以王杖……端以鸠鸟为饰。鸠者不噎之鸟，欲老人不噎也。"也就是说，王杖是朝廷授予七十岁以上老人的一种权力性的凭证，因为鸠鸟有特殊功能，吃任何食物皆不会被噎死，所以送鸠杖是引申预祝老人健康长寿。这种遗俗一直延续到明清，故民间在给老人做寿时，方有"坐看溪云忘岁月，笑扶鸠杖话桑麻"的寿联。从"鸠者不噎之鸟"的角度考虑，鸠为鹤类水禽是再恰当不过的了，因此，"鄂尔多斯青铜器"中的鹤头形杖首，就应该和我国古代流行的"鸠杖"具有密切的亲缘关系。而它的发展过程，同样来源于由图腾崇拜而衍出生的权杖，与"欲老人不噎也"的鸠鸟形象相结合。

● **青铜鸣镝——神奇的响箭**

鸣镝是一类比较特别的青铜镞，

青铜鸣镝（鄂尔多斯及周边地区出土）

镞身前部呈三翼状，三翼之后为中空的圆球形，与銎通，圆球前半部的镞翼间各有一小孔。由于装有这种镞的箭发射后，气流贯入孔内能发出声响，所以也称为"响箭"。

《史记·匈奴列传》中有这样一段记载：匈奴首领冒顿（音墨毒）为了取代父亲的地位，登上匈奴最高首领的宝座，专门制作了一种带响的箭镞，用来训练部下。冒顿明确规定：我的响箭射向哪里，你们的箭也必须全部射向哪里，否则定斩不饶。他先率领部下在狩猎活动中进行训练，对于那些漫不经心未跟随响箭射击目标的，冒顿毫不留情立即将其斩首示众。部下大惊，丝毫不敢怠慢，在接下来的狩猎活动中，冒顿响箭所到之处，部下的箭矢悉数会聚，冒顿窃喜。训练了一段时间后，冒顿突然把响箭射向了自己非常好的一匹战马，有些人害怕得罪冒顿，未敢贸然行动，结果立即被冒顿杀掉了。又过了一段时间，冒顿竟把响箭射向了自己心爱的妻子，有些部下感到非常的恐怖，不敢随着放箭，冒顿又毫不犹豫地将他们杀了。经过这样严厉的训练，当冒顿随同父亲进行狩猎，出人意料地把响箭射向自己父亲的宝马时，部下们仍然毫无顾忌，立即随同放箭。就这样，在冒顿响箭的指引下，部下们射杀了头曼单于，实现了他的目标。冒顿当时使用的响箭，就是这类鸣镝。

另外，在辽阔的大草原上，一只只直入云霄的响箭，是草原民族相互沟通、传递信息、指挥战斗的极好法宝，所以也受到历代马背民族的喜好。

2. 彰显早期北方民族独特风格的鄂尔多斯青铜器造型艺术

早期北方民族特殊的生活环境和生产方式，决定了他们日常生活中很大程度上主要依靠个人的能力与智慧，去面对大自然无情的肆虐，虎、狼等凶猛动物的袭击以及邻人的劫掠。在这样的生存环境下，不仅锻炼出他们强壮的体魄，彪悍的性格和独立不羁的品质，而且也造就了比农耕民族对于弱肉强食、优胜劣汰这一大自然法则更为深邃的理解和崇尚。"鄂尔多斯青铜器"中各类猛兽以及食肉动物捕获食草动物造型图案的大量出现，便是最好的例证。

"鄂尔多斯青铜器"中的动物造型，绝大多数都非常的写实，形态逼真，造型生动，反映了制作者丰富的生活阅历、敏锐的观察能力和高超的再现能力。特别是浮雕动物在平面与立面关系的处理技艺上，更是有独到之处，使浮雕的图案，能最大

三鹿纹青铜饰牌（鄂尔多斯地区出土）

第六章 璀璨的草原青铜文明

限度地展现出立体的效果。另外，"鄂尔多斯青铜器"中的各类饰牌，不仅主题突出，而且图案的组合及填充技艺也十分高超，常常在动物的身上及四周填充树叶纹、旋涡纹、动物头像纹等等，做到华丽而不显多余，夸张而不失和谐。

"鄂尔多斯青铜器"动物纹艺术的这些变化，很大程度上受到了当时所处社会进程的影响。战国晚期大量流行的写实性的动物搏噬纹，如虎豕咬斗纹、虎牛咬斗纹、虎噬鹿纹、虎噬羊纹、虎噬马纹等，应该是以匈奴为代表的北方畜牧民族，处于势头凶猛、独步风云上升时期人们的意识形态。而汉武帝以后，饱受动乱之苦的北方草原基本上处于一种相对稳定的和平发展阶段，漫步在草原上、掩映在树丛中成双成对的鹿、马、牛、驼等动物造型,则寄寓了北方游牧民族企盼稳定、祥和社会的迫切心情。

● **虎豕咬斗纹金饰牌——最具北方草原民族艺术作风的金饰牌**

这件饰牌出土于准格尔旗西沟畔战国墓葬。整体略呈长方形,周边饰一周绳索纹,主体图案为浅浮雕的猛虎与野猪缠绕咬斗的场面:猛虎在下,腹部着地,前肢极力撑起上躯,昂头张口狠狠咬住野猪的后大腿根,后肢翻转朝天蹬踏野猪,虎尾下垂经裆部由后向前弯卷至背部;野猪在上,虽处于劣势,但仍死死咬着猛虎的一条后肢,奋力反抗,双方厮杀得难解难分。饰牌背面满布失蜡法铸造技术制模时留下的粗麻布印痕,靠边缘处竖向直行"一斤五两四朱少半"刻款,字体接近于战国晚期秦人的书写风格。该饰牌造型生动,不仅动物神态栩栩如生,而且所塑造的后肢翻转的浪漫主义风格,堪称草原文化艺术的精华之作。所谓后肢翻转的造型,实际上取材于动物搏斗翻滚时的精彩瞬间造型,同样是现实生活场景的高度再现,因此这种看起来似乎不合常规的姿态,恰恰是艺术表现境界更为生动、凝练的升华。另外,该饰牌还包含着研究战国时期的度量衡制度、书法、金属铸造技术以及北方草原民族与中原农耕民族的文化交往等领域的诸多信息,弥足珍贵。

● **虎牛咬斗纹金饰牌——寓意最深刻的金饰牌**

呈长方形,中央浮雕一只呈匍匐状的牛,四肢平伸,上下两侧各有

虎豕咬斗纹金饰牌
(西沟畔墓地出土)

虎牛咬斗纹金饰牌（阿鲁柴登战国墓葬出土）

两只头头相向的猛虎，分别死死噬咬着牛的颈部和腰部，牛虽然完全受制于猛虎，但仍在拼死抗争，尖利的犄角分别穿透了两侧猛虎的耳朵。饰牌直观上反映的是大草原上司空见惯的猛虎捕杀野牛的生动情景，但透过这个逼真画面的背后，可能还寄予着更加深远的含义。饰牌中的虎，应取意于天上的昴星团，牛则取意于黄道十二宫的金牛宫，由于昴星团位于金牛宫中，因此，虎群（四虎）噬牛所要展现的，就应当是早期北方民族称雄草原、独步天庭的宏伟目标。

● 虎噬羊纹青铜饰牌——形象最生动的青铜饰牌

一端宽、一端略窄，习惯上称为"P"形饰牌。塑造的是一只刚刚经过一番奔波后捕获到猎物的猛虎，虎

虎噬羊纹青铜饰牌（鄂尔多斯地区出土）

口衔羊的脖子，把整个羊甩到背上，虽略显疲惫，却一副胜利者洋洋自得的神情。饰牌栩栩如生地再现了草原上猛虎捕食到猎物后的精彩瞬间形态，生动、传神地反映了草原上弱肉强食的情景。

● 虎禽咬斗纹青铜饰牌——最让人难以捉摸的青铜饰牌

浮雕，镂空。饰牌的图案为伫立的老虎张开大口咬着一只猛禽粗硕的大腿，而振动双翼展翅欲飞的猛禽则曲颈衔住老虎的脖子。饰牌的图案虽然采取了艺术夸张的手法，但其背后却隐匿着令人浮想联翩的信息。它有可能再现的是 2000 多年前的鄂尔多斯草原上，确实存在着形体硕大能与猛虎较量的雄鹰；也可能暗喻着以虎为图腾的部族和以鸟为图腾的部族为争夺生存空间而展开的殊死角斗；或许还是在告诉后人，这件饰牌的持有者，是由崇拜这两种动物的祖先交融而成……

● 双禽交颈纹青铜饰牌——最具和谐气氛的青铜饰牌

宁静的湖面上，两只天鹅交颈相偎，尽情享受着太阳的温暖，品味着对方的绵绵爱意。这充满温馨、浪漫情调的传神之作，使人们忘记了大草原上弱肉强食的腥风血雨和北方戈壁的风雪严寒，抒发着人们热

虎禽咬斗纹青铜饰牌
（鄂尔多斯地区出土）

双禽交颈纹青铜饰牌
（鄂尔多斯地区出土）

爱生活的强烈情怀。

◉ **动物交媾形青铜饰件、羊哺乳形青铜饰件——最质朴企盼情节的造型艺术**

这些双虎、双鹿交媾和母羊哺乳小羊造型的青铜饰件，造型优美、栩栩如生，它们既是草原自然景观的真实再现，更是游牧民族生殖崇拜、祖先崇拜、企盼牲畜兴旺以及反哺情结的深深寄托。

虎、鹿交媾形青铜饰件
（鄂尔多斯地区出土）

羊哺乳形青铜饰件（鄂尔多斯地区出土）

◉ 双马咬斗纹青铜饰牌——凸现草原风情的青铜饰牌

这件双马咬斗纹青铜饰牌，精彩地再现了两匹马相互撕咬时的造型，不仅布局合理、比例适中，而且动感十足，两匹咬斗正酣的烈马，仿佛一蹴即可从饰牌中跃出，奔向辽阔的大草原。

双马咬斗纹青铜饰牌
（鄂尔多斯地区出土）

鄂尔多斯史海钩沉

● 双虎咬斗纹银饰件

采用高浮雕的表现手法，塑造了两只呈匍匐状面对面相拥在一起的幼虎，两虎头左右偎依，张大口噬咬着对方的肩部，前肢相互搂抱，后肢略侧卧前伸，后爪则在撩拨着对方的前爪，尾巴悠闲的卷曲上扬。两只虎的背部各有一椭圆形孔，当初可能曾镶嵌有其他饰物。该饰件凝固了两只幼虎相互撕咬嬉戏时的精彩瞬间，造型生动，情趣盎然、憨态可掬，虎身线条流畅，刚柔并济，再现了中国早期北方草原民族高超的艺术水平和金属铸造工艺。

● 双牛纹青铜饰牌

画面为透雕的双牛图案，双牛左右对称分布，牛头相对，低头曲颈，双目前视，四肢直立，牛尾上卷于背部，构图巧妙，犹如一幅剪纸画，生动而富于想象力。

双虎咬斗纹银饰件（石灰沟窖藏出土）

双牛纹青铜饰牌（鄂尔多斯地区出土）

◉ 叠鸟纹青铜饰件

上部的鸟（水禽）均呈卧姿，下部仅采取连续折线或连续菱形图案等简单的处理手法，则把水禽静浮水面时形成的倒影映象，活灵活现地表现了出来，或风平浪静，或微波粼粼，表现手法虽简练，表现的意境却各有千秋，一目了然。

叠鸟纹青铜饰件（鄂尔多斯地区出土）

● 水晶、玛瑙串珠

这是由玛瑙、水晶、琉璃、绿松石等制成的串珠，制作十分讲究，多为中部略鼓凸的圆柱体、六棱体或球体。项饰的材质，在一定意义上也代表着佩戴者本人的身份等级。凡佩戴金、银项圈及玛瑙、水晶等质地串珠的墓主人，一般都随葬有较为丰富的随葬品，应属于社会的中上等阶层，而中小型墓葬则只随葬小型的普通石质和骨质的串珠。另外，据内蒙古地区发现的出土有"鄂尔多斯青铜器"墓葬的统计数据显示，在汉代以前的墓葬中，随葬有项饰的约占已发现墓葬总数的半数以上，足可见当时人们对项饰的偏爱和盛行。

玛瑙、水晶珠项饰（西沟畔汉代墓葬出土）

玛瑙、琥珀、水晶珠项饰
（西沟畔汉代墓葬出土）

● 金石耳饰、金玉耳饰——最具北方民族特色的耳饰

"鄂尔多斯青铜器"中的耳饰非常有特征,多由圆形螺旋状耳环、金丝盘旋而成的圆锥体弹簧式耳坠、绿松石和玛瑙穿孔串珠、金叶片、金环等组合而成,做工精巧别致,佩戴后耳坠随身而动,金光闪闪,熠熠生辉,彰显富贵华丽。

金石耳坠(鄂尔多斯地区出土)

金玉耳饰(鄂尔多斯地区出土)

圆雕青铜动物（阿鲁柴登出土）

● **圆雕青铜动物**

早期北方民族相对于中原农耕民族来说，埋葬习俗较为俭朴，包括出土鹰形金冠的阿鲁柴登贵族墓葬，其墓穴、棺具等也十分简陋，但普遍盛行用马、牛、羊随葬的习俗，而且随葬牲畜的多少，直接代表了他生前的社会地位和所拥有的财富。如包头西园墓地3号墓，随葬有近五十具牛羊头骨。杭锦旗桃红巴拉2号墓随葬羊头骨42具，马头骨3具，牛头骨4具，并有牛蹄骨若干。随着社会的发展，人们思想观念的进步，草原民族在随葬品的选择上也发生了一定的变革，战国中晚期以后的墓葬中，动物实体数量的减少，大量圆雕、浮雕、透雕的青铜鹿、羊、马的出现，便是这一历程的真实再现。这些圆雕的青铜动物神态生动，造型优美，是"鄂尔多斯青铜器"中难得的艺术珍品。

● **四马驭车纹青铜饰牌**

车兵是中原地区自商周以来军队作战的主要兵种之一，由于用以驾车的马是生长在草原地区的动物，不可能由中原农耕民族首先驯化，因此，对于中原地区商代以来突然出现的大量驾二马或四马的单辕双轮战车，应该是由北方草原传入的。这件四马驭车纹青铜饰牌，以及商代小盂鼎等铭文中记载的被商王征伐的鬼方拥有马车的事实，便是很好的例证。活动在鄂尔多斯地区的早期北方民族在这种传播过程中，发挥了首当其冲的重要作用，而商代对北方早期民族的屡次用兵，则加速了这种传播的进程，在发达的手工业技术和强大的社会组织的依托下，马拉战车很快便在社会经济高度发展的商人和周人中得到高度的普及和运用，成为达官贵人乘坐的工具和军队作战的利器。

● **青铜车马具——鄂尔多斯所见最早的驭马用具**

马是游牧民族生产、代步和作战的主要工具，正是由于骑马术的出现和娴熟的驭马技术，才使得他们在与其他民族的对抗中占据了先机，马既是他们的忠实伴侣，也是他们的宝贵财富。因此，对马的防护和装扮，同样是北方民族日常生活中十分重要和引以为豪的一件大事。各式马具是"鄂尔多斯青铜器"中的

四马驭车纹青铜饰牌
（鄂尔多斯地区出土）

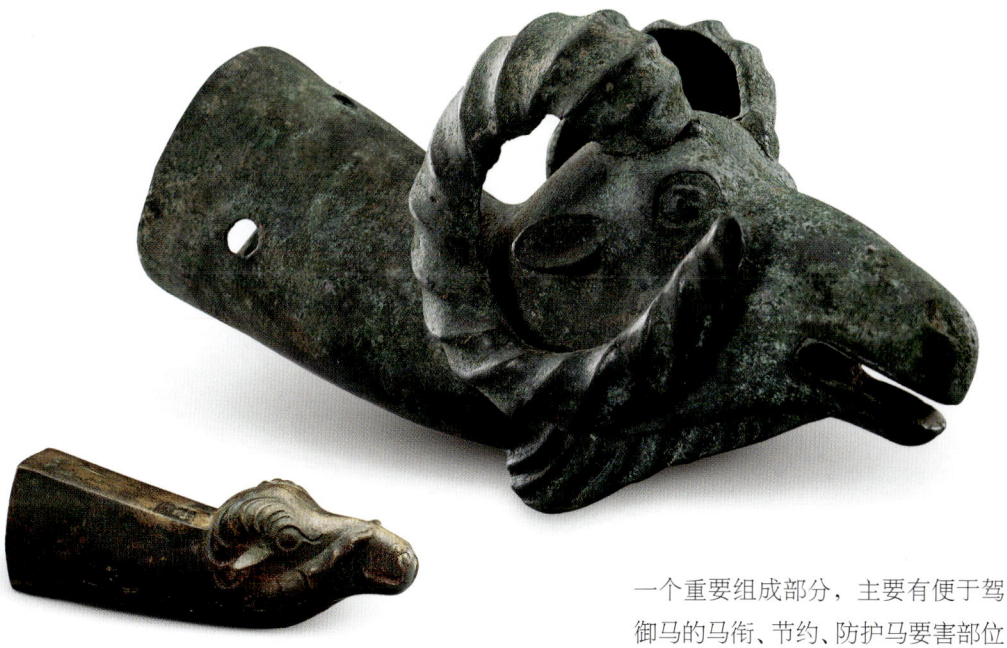

盘角羊首形青铜辕头饰
（鄂尔多斯地区出土）

一个重要组成部分，主要有便于驾御马的马衔、节约、防护马要害部位的当卢、马面饰及用于美观的饰件、銮铃等。从"鄂尔多斯青铜器"中发现的辕头饰等分析，当时虽以骑马为主，但也使用部分车舆，而那些装饰造型精美辕头饰的车舆，只能是贵族阶层的坐下之物。

青铜马面饰（鄂尔多斯地区出土）

第六章 璀璨的草原青铜文明

鄂尔多斯史海钩沉

青铜当卢（鄂尔多斯地区出土）

青铜泡饰（鄂尔多斯地区出土）

青铜节约（鄂尔多斯地区出土）

青铜杆头饰（鄂尔多斯地区出土）

第六章 璀璨的草原青铜文明

马具复原示意图（电子合成：郭俊成）

● **虎头形银节约——早期畜牧民族使用的规格最高的马具部件**

这是一种形制较为特殊的虎头形银节约，整体略呈竖长椭圆形，正面作一个直立虎的上半身造型，上部的虎头为高浮雕，虎耳竖立，双眼圆睁。虎的前肢贴身抬起，虎爪置于颌下，虎的上躯简化为卷云形图案。背面上部有十字形穿纽，出土时穿纽内保留有相互交叉的皮条朽痕。下部分别刻有"少府二两十四朱"、"□工二两二朱"等铭文，刻款中的"两"字，字体与战国时期赵国铸造的圆肩圆足布上的"两"字相同。该银质节约不仅造型独特、制作精美，是目前所见"鄂尔多斯青铜器"中最考究的马具之一，而且在研究战国时期的度量衡制度、书法以及北方草原民族与中原农耕民族的文化交往等诸多领域，都具有十分重要的价值。

● **青铜銮铃、铃铛**

"鄂尔多斯青铜器"中，有大量形制多样的铃铛，其中除较大型的应为车舆及动物项下佩挂之銮铃外，多数应是人们的随身佩戴饰物。在各种集会活动中，随着跳舞者节奏的变化，清脆动听的悦耳铃声，时而整齐划一，如滚滚春潮；时而此起彼伏，遥相呼应，令人神魂颠倒，扑

第六章 璀璨的草原青铜文明

虎头形银节约（西沟畔战国墓葬出土）

鄂尔多斯史海钩沉

青铜銮铃（鄂尔多斯地区出土）

青铜铃铛（鄂尔多斯地区出土）

朔迷离。另外，部分铃铛还可能是神职人员（巫师）的身上饰物或举行法事（祭祀）时使用的法器。

● 青铜鍑、铁鍑——极富"马上行国"文化特征的炊具

双耳圈足铜鍑或铁鍑，是北方草原游牧民族特有的一种炊具。整体略呈口大底小的圆筒状或半球形，圜底或平底，绝大部分在口沿上设有竖立的对称双耳，多圈足或镂空高圈足。有大有小，直径20～60厘米不等。这类器物双耳的设置，不仅在于就炊时搬动方便，更主要的是为了马背民族迁徙时的携带方便，而镂空高圈足的设计，也是针对游牧民族的生活特点，就炊时随便找一个略平坦的地点，把鍑从马背上解下来就地一放，在高圈足下一拢火就可以炊事了。

铁矛、戈（准格尔旗窑沟春秋墓葬出土）
鄂尔多斯发现的时代最早的铁器。

鄂尔多斯史海钩沉

青铜鍑、铁鍑（乌审旗出土）

3. 阿鲁柴登墓葬
——鄂尔多斯发现的等级最高的早期北方民族墓葬

位于杭锦旗阿门其日格乡阿鲁柴登的沙巴拉中。地表曾暴露两座竖穴土坑墓，出土珍贵文物近三百件，除闻名中外的稀世国宝鹰形金冠外，还有虎牛咬斗纹金饰牌、虎鸟纹镶宝石金饰牌、刺猬形金饰件、金项圈、金耳坠、虎头形银饰件等一批国家一级文物。它的发现填补了"鄂尔多斯青铜器"研究领域的空白，开启了该项研究工作新的里程碑。这批造型生动、制作精美的珍贵文物不仅多次赴北京、上海等国内城市展出，而且数次远渡美国、日本等国家展览，享誉海内外。

4. 西沟畔墓群

1979年春天，在准格尔旗布尔陶亥乡西沟畔村的山梁上，发现了12座时代分别属于战国时期和汉代的匈奴族人的墓葬。均为平面呈长方形的竖穴土坑墓，头向北，普遍有殉牲的习俗，随葬品以随身佩戴的兵器、工具、装饰品及日常生活用具、车马器为主。出土一批珍贵的鄂尔多斯青铜器，其中的"凤冠"、虎豕咬斗纹金饰牌、包金卧羊带具、金项饰及水晶、玛瑙串珠等均为稀世罕见的珍品。

5. 宝亥社春秋墓葬

位于准格尔旗纳林镇刘家渠村宝亥社。1984年被洪水冲出一座墓葬，出土一批珍贵文物，既有青铜环首刀、带扣、联珠饰、管状饰等典型的鄂尔多斯青铜器，又有同时具有中原农耕文化和北方游牧文化特征的青铜豆、豆形器等青铜容器。是研究春秋时期北方游牧民族与中原农耕民族文化交往的重要实物史料。

6. 玉隆太、速机沟墓葬

1962年和1974年，准格尔旗大路乡的玉隆太村和速机沟村，出土了两批珍贵的青铜器，据考古人员现场勘查，这些青铜器应该出自古代墓葬中。发现的青铜器主要有盘角羊头形辕头饰、立式羚羊、立式兽、立式马、圆雕鹿、鹤头形杖首及狻猊形、狼头形饰等。动物形象逼真、生动，各具特点，栩栩如生。或直立、或曲足而卧、或低头憩息、或昂首奔腾，成双成对，雌雄相随。是弥足珍贵的鄂尔多斯青铜器中的精品。

7. 石灰沟墓葬

1984年在伊金霍洛旗布连乡武

家塔村发现一座早期北方民族墓葬，征集到的文物有虎噬鹿纹银饰牌、双虎相拥纹银饰牌、刺猬形银饰件、羊头形银饰扣、银鞋底；嵌铁鎏金龟形青铜饰件、圆雕卧鹿形青铜饰件、圆雕鹤头形青铜杖首、圆雕盘角羊头形青铜辕头饰等。均为罕见的战国时期鄂尔多斯青铜器精品，且有许多为本地区首次发现，不仅进一步丰富了鄂尔多斯青铜器的内涵，而且透过这批珍贵的出土文物，捕获了许多该研究领域新的信息。石灰沟这批珍贵的出土文物，曾多次应邀赴上海等地及日本展出。

8. 碾房渠战国窖藏
——最具传奇色彩的收藏历程

20世纪80年代后期的一个春天，东胜市塔拉壕乡一位老乡在自家的田里耕地时，伴随着一声不大的声响，犁铧带出了几块破瓦片和一些黄呼呼的"铜片片"，老乡吆喝住疲惫的耕牛蹲下身好奇的观察，原来是一个破碎的瓦罐，里面放着一个较大、较厚重、上面有老虎图案的"黄铜"牌子和一些较小、较轻薄的"黄铜"片子，另外还有"玻璃"圈圈、珠珠等。望着自己使用多年、磨损严重的旱烟袋，老乡计划把这些"铜片片""化了"，和走街串巷的小铜匠换几个烟袋锅、烟袋嘴。但他

的想法立即遭到了老伴的强烈反对，大娘举着已陪伴自己几十年的铜勺子，愤愤不平地表示，要换也应该先换个铜勺。老两口各执己见互不相让，延缓了熔化掉这些"铜片片"的进程。一天，来串门的在城里念书的远房亲戚无意中发现了这些堆在墙角旮旯遍布泥土的"古物"，告诉老人应该把他们送给城里的文物部门进行鉴定。于是，这些静待熔化的国宝才逃脱被毁灭的厄运，重获新生。经考古人员现场勘察，这是一个存放古物的窖藏，窖藏的容器为一件泥质灰陶罐，内置虎狼咬斗纹金饰牌、双龙纹金饰牌、金耳环、金管状饰、金珠状饰、金环、包金铁芯兽头形饰、包金玛瑙饰、银环、玛瑙环、玛瑙串珠、绿松石珠等一批珍贵文物，均为战国时期的鄂尔多斯青铜器精品，其中数件为国家一级文物，珍贵异常。

9. 岩画

岩画是古代绘画遗存的一种形式，是原始社会至封建社会早期阶段的古人类刻画在岩壁上，反映意识、信仰和社会生产、生活以及当时生存景观等的印迹。鄂尔多斯境内的岩画，主要分布于桌子山、千里山等地区。著名的岩画分布点有位于鄂托克旗阿尔巴斯苏木的苦菜沟、

磨刻在峭壁上的各式岩画

摩尔沟、乌兰布拉格以及现属于乌海市所辖的召烧沟等。采用磨刻和凿刻形成的阴线条画面，笔法简洁，造型粗犷，构图朴实。内容有人面像（太阳神）、星云、动物、牧人、骑者、狩猎、舞蹈、生殖崇拜以及各类图案化、抽象化的图像、符号等，具有浓郁的北方游牧民族文化特征。或以单体画面的形式出现，或群体集中分布。是研究鄂尔多斯地区古代历史、文化及自然环境变迁等珍贵的形象化史料。为国家和自治区重点文物保护单位。

● 太阳神——鄂尔多斯大地早期北方民族的原始崇拜

"鄂尔多斯青铜器"中绝大多数是青铜制品，但同时还有相当数量的黄金、白银制品，这应该和早期北方民族崇拜大自然，崇拜日、月的习俗有关。《史记·匈奴列传》载："单于朝出营，拜日之始生"，即在匈奴人的心目中，单于就如同旭日初升的太阳，是草原上令人敬畏仰慕的

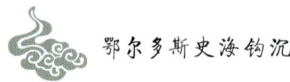

磨刻在峭壁上的各式岩画

鄂尔多斯岩画产地之一
——摩尔沟

首领，同时也是人们心目中的金人、金神（太阳神），他的恩泽将会遍及每个草原之子，令自己的部落兴旺强大。在中国北方地区岩画中发现的大量太阳神图案，也应该是这个寓意的具体表现，可见整个北方民族都有这样一个相同的意念。

太阳神岩画及金冠

【第七章】

民族汇聚的辽阔舞台

1. 群雄驻足强力角逐谱新曲

当中国早期北方民族在鄂尔多斯大地上崛起、壮大,尽情驰骋的同时,自然也成为中原王朝的心中隐患。为了自身的利益,继商王伐鬼方,周王征猃狁后,公元前7世纪前半叶,"晋文公攘戎狄于圁、洛之间",晋国的战车开始出现在鄂尔多斯东南部的丘陵间。公元前4世纪,赵国不仅把长城扩展到鄂尔多斯东北部的沿河地带,而且,"赵武灵王西略胡地至榆中"进一步深入鄂尔多斯的腹地;秦昭襄王紧随其后控

瘪裆罐形陶鬲(鄂托克旗木肯淖古城出土)

地北至上郡，把鄂尔多斯东南部纳入秦的疆域，强大的秦、赵帝国与新兴的北方草原民族在鄂尔多斯展开了强力角逐。秦始皇统一中原后，挟横扫六国的军威，派蒙恬"将兵三十万北击胡，略取河南地"，北方草原民族被迫北迁，惜惜离别了这块生养自己的土地。为巩固北方的统治，秦始皇不仅从内地迁来大批移民，垦田耕植，广筑县城，还修直道"自九原直抵云阳，堑山堙谷直通之"……伴随秦、汉王朝对鄂尔多斯地区的不断开发，蒙恬麾旄下旌旗飘扬的金戈铁马，千古一帝乘鹤仙逝的辒凉灵柩，汉武帝耀师北疆的十八万铁骑，呼韩邪单于千里迢迢到长安觐见汉宣帝时长长的行帐，朔风秋雨中远嫁漠北漫漫无尽路上昭君孱弱的身影，南匈奴回归故里后的欢歌笑语……这里不仅一次次掀起了民族汇集的浪潮，同时也加速了社会的飞速发展，给鄂尔多斯带来了欣欣向荣的新景象。

● **瘪裆罐形陶鬲——凸现中原西周文化特征的器物**

进入西周以后，中原民族把活动在北方的民族称为"猃狁"，"猃狁"的实力较商代的诸方国更加强大，他们曾一度迫使周人的祖先向南迁徙，西周建国后，更是屡屡遭到"猃狁"的侵扰，《诗经·小雅·采薇》载："靡室靡家，猃狁之故；不遑启居，猃狁之故"。到西周宣王时，猃狁已经逼近京都。《诗经·小雅·六月》说："猃狁匪茹，整居焦穫，侵镐及方，至于泾阳"。周宣王无奈，只得开始对猃狁的战争，《诗经·小雅·出车》记载了这次战争的盛况，"王命南仲，往城于方，出车彭彭，旗旐央央。天子命我，城彼朔方，赫赫南仲，猃狁于襄"。鄂尔多斯地区出土的这些具有浓郁西周文化特征的器物，便是这些事实的最直接的见证。

战国铲足陶鬲（准格尔旗出土）
春秋战国时期最具北方游牧民族文化特征的炊具。

"上郡守受"铜戈（伊金霍洛旗红庆河乡出土）

● "上郡守受"戈——鄂尔多斯发现的刻铭最多的战国青铜兵器

1985年6月伊金霍洛旗红庆河乡出土。在内的两侧均刻有铭款，一侧刻铭清晰，为"十五年上郡守受之造，漆垣工师乘、丞鼒、治工隶臣骑"，另一侧刻铭多数模糊不清，可识别的仅有"中阳"、"西都"等。据该戈锐长援、中长胡三穿的形制分析，其时代约相当于秦惠文王至秦昭王期间；据刻铭可知，这件青铜戈是战国中晚期在秦上郡由名"受"的监制官监制下完成的，这名监制官应该是《史记·秦本纪》中记载的"（秦昭王）十三年伐韩取武始"的大将向受。秦上郡是在征伐义渠戎后

所设，郡治在今陕西榆林城东南，如今的鄂尔多斯东南部当时均属上郡所辖。"上郡守受戈"不仅是目前鄂尔多斯地区发现的刻铭最多的战国兵器，而且刻铭中的年号、监制官、主造工师、操作工匠、管理小吏、地名等等，可补多处史料记载之不足，对于研究鄂尔多斯地区战国时期历史具有十分重要的价值。

● 秦汉广衍县故城

古城位于准格尔旗乌日图高勒乡勿尔图沟南岸的台地上，大多已被牸牛川冲毁。城内地面散布陶片、瓦当、瓦片等。断崖上露出的灰土中含坩埚、铜渣、铁渣、弩机泥范、铺首泥范、箭头石范和半两、五铢、大泉五十等铜钱以及铜箭头等遗物，曾发现刻有"广衍"铭文的陶壶、铜戈等遗物。据考古发现结合文献记载可以确定，这里就是秦惠文君十年（公元前328年），秦国战败魏国，"魏纳上郡十五县"于秦后，在北疆设置的广衍县县城。该县城在西汉时仍然沿用，直至东汉末年废弃。该城址是鄂尔多斯境内目前已确定的唯一一座战国及秦代的古城址。为鄂尔多斯市重点文物保护单位。

战国铜鼎（鄂尔多斯地区出土）

战国铜鼎（鄂尔多斯地区出土）

第七章 民族汇聚的辽阔舞台

● 纳林塔战国秦长城

位于伊金霍洛旗纳林陶亥镇政府东约5公里的布尔洞塔村三社束会敖包梁的山丘上，南北走向，在束会敖包梁登长城远眺，可以看到这条长城遗迹蜿蜒曲折，随地形高低起伏，隐没于苍茫烟云之中。该段长城大多为自然石片垒筑而成，墙缝既无引泥，又无白灰。保存最好的地段宽3米余，残高约2米。另外也有部分地段为夯土所筑，其夯土层历历可见，各夯层薄厚均匀，夯窝排列整齐、密集。该长城由甘肃省岷县始，经陕西靖边，再北折东行，经榆林市东北，从神木县大柳塔的牸牛川西岸进入伊金霍洛旗境内，再向北进入准格尔旗，东抵准格尔旗十二连城，全长约1150公里。据文献记载和考古调查可知，该长城大都为秦昭襄王时期所筑，故史学界称"秦昭襄王长城"。为全国重点文物保护单位。

● 新民堡战国赵长城

东起达拉特旗新民堡乡新民堡村东南的哈什拉川西岸，往西经门肯梁、泊合成，经树林召乡秦油房至王二窑子村，在此长约30公里的地段内保存最好。位于黄河冲积滩向丘陵沙漠的过渡地带，随自然地形作东西走向，墙体用灰白色黏土夯

纳林塔战国秦长城

第七章 民族汇聚的辽阔舞台

鄂尔多斯史海钩沉

纳林塔战国秦长城

筑而成。基宽约10米，顶残宽2.5～3米，残高约2米。该段长城往西直趋昭君坟乡，往东顺哈什拉川南上，至东胜区与达拉特旗交界处的南北分水岭处东折，经东胜区辛家梁、达拉特旗敖包梁、准格尔旗榆树壕向东南而去。学术界过去曾认为该段长城为战国时期的秦长城或魏长城，目前也有观点认为是赵武灵王二十六年（公元前300年），"攘地北至燕代，西至云中、九原"后修建的长城。为全国重点文物保护单位。

● 秦直道——世界古代"高速公路"之最

据文献记载，秦始皇统一六国后，为抵御北方强大的匈奴族的侵扰，也为了巡幸北方的便利，于始皇三十五年（公元前212年），令大将蒙恬修筑快速驰往北方的道路。蒙恬征调民夫数十万，历时两年余，终于完成了这一历史上罕见的浩瀚工程。道路北起九原郡（今内蒙古包头市西），南抵秦都附近的云阳县（今陕西淳化县北），全长1800里（约相当于现在的700多公里）。由于道路宽阔平坦，能适应大队人马快速驰援，故称"驰道"。又因其南北遥遥相对、直线相通，也称"直道"。秦始皇修建了由都城通往六国的驰道多条，但直道仅此一条。

秦直道南北贯穿鄂尔多斯市全

秦直道远景

秦直道近景

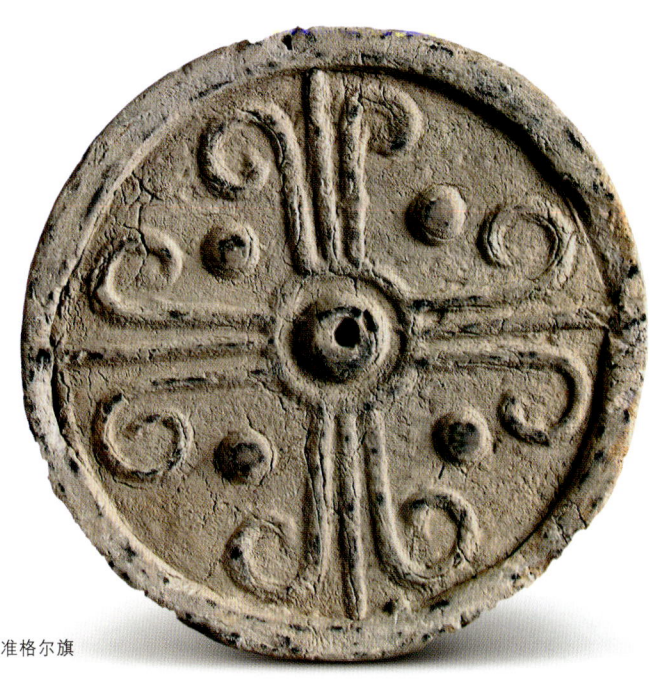

秦代云纹瓦当（准格尔旗勿尔图沟出土）

第七章 民族汇聚的辽阔舞台

汉代云纹瓦当（东胜区东梁古城出土）

境，目前已探明的确切迹象北起达拉特旗高头窑乡吴圪堵村东，南至伊金霍洛旗掌岗图四队，直线距离约100公里。在绵延起伏、沟壑纵横的丘陵地貌中，直道逢山开凿，遇谷填平，由北至南大体呈195°直线而行。秦直道宽约40米，凡填充部分，在常年雨水的侵蚀下，绝大部分已被冲毁，形成较大的沟壑，但是断壁上却保留着较完整的沙石垫土路基断面。开凿处则多数保存较好，豁口仍清晰可见。遗迹两侧几座同时期的古城遗址，应该是与直道遗迹密切相关的亭、障或行宫类的设施。

秦直道是中国历史上第一条"高速公路"，也是世界古代"高速公路"之首，是沟通中原地区与北方边陲的重要通道，对于研究我国古代交通史、道路建筑史及秦、汉时期北方地区的历史，特别是与匈奴的战争史、交通、通讯史和民族关系史等，具有非常重要的价值，另外，也是研究直道沿途地区秦代以来地理变化、地貌变迁、水土流失的重要资料。为全国重点文物保护单位。

● **霍洛柴登汉代古城——鄂尔多斯唯一的汉代郡治治所**

古城位于杭锦旗霍洛柴登苏木所在地以北约2公里处，平面形址呈

汉代龙首铜灶（东胜区漫赖古城出土）

汉代鸭形铜熏炉（东胜区漫赖古城出土）

第七章 民族汇聚的辽阔舞台

长方形。官署区位于城内中部，在官署区附近还分布有铸钱、铸造兵器的场所以及炼铁、铸铜场所等。在古城的西部，柴登河东岸坡地上发现过烧制陶器的窑址多处。在古城的东、南、西三面山梁上，分布有大量的同时期墓葬。在城内曾发现大量的铜钱和铜器、陶器等。近年，地表还经常有陶器、铜器、铁器、钱币、钱范等遗物出土，较为著名的"西河农令"、"中营司马"等汉代官印即古城内出土。根据古城规模、古城内有铸钱、铸铁、铸铜遗址等场所，以及出土遗物的特征、形制等综合分析，该城址应该是西汉时期北方地区的一座重要城池，新莽时仍在沿用。经内蒙古自治区文物考古研究所著名考古学家李逸友先生等考证，该古城应该是西汉北方重镇——西河郡的郡治所在。为全国重点文物保护单位。

● 汉代美稷县故城——唯一位于鄂尔多斯的匈奴单于庭治所

位于准格尔旗纳林乡政府西北，纳林川东岸。城址平面略呈长方形，四面有门，墙垣清晰可辨。据文献记载，公元前125年，汉武帝北击匈奴后，为强化北疆防御，在水（今纳林川）沿岸兴建了美稷县城和富昌县城（今陕西省府谷县古城东北），属西河郡所辖。东汉建武二十四年（公元48年），匈奴分裂为南、北两部，南匈奴入塞归汉，随后移师美稷，在美稷城置匈奴单于庭，为当时南匈奴的政治、军事中心。据考证，纳林

汉代铜鼎、熏炉、壶、灯
（鄂尔多斯地区出土）

汉代规矩纹铜镜(鄂尔多斯地区出土)

第七章 民族汇聚的辽阔舞台

古城即为西汉所建的美稷县城,也就是南匈奴附汉后的最高统治中心——单于庭所在地。为内蒙古自治区重点文物保护单位。

◉ 敖楞陶勒亥汉代墓地——鄂尔多斯规模最大、等级最高的汉代墓地

位于达拉特旗呼斯梁乡敖楞陶勒亥村。面积约25万平方米。地表可见50余座大型封土堆(坟丘),底径10~20米,现存高度3~10米。是

敖楞陶勒亥汉代墓地

鄂尔多斯境内现存地面建筑规格最高、最集中的大型汉代墓群之一。为内蒙古自治区重点文物保护单位。

● **凤凰山汉代壁画墓——再现鄂尔多斯汉代历史的形象化史料**

墓葬位于鄂托克旗巴彦淖尔乡境内的凤凰山上，为斜坡墓道的洞室墓，直接开凿在砂岩中。墓室平面呈方形，后壁设龛。在墓室的四壁及顶部，保存有完整的壁画。壁画由石青、土黄、赭石、石绿、朱砂等矿物颜料绘制而成，虽经两千余年历史沧桑，仍艳丽如故。壁画内容主要是反映墓主人生活的出行图、庭院图、宴饮图、百戏图、射弋图、侍卫图、放牧图、兵器图以及星象图、怪兽图等，内容丰富，布局严谨，绘画技法娴熟。壁画除反映以农耕经济为主的田园生活场景外，也具有一定的北方畜牧经济的特征。特别是在人物的服饰、冠带等方面，具有浓郁的

凤凰山汉墓壁画——宴饮、百戏图（摄影：王志浩）

凤凰山汉墓壁画——放牧、侍奉图（摄影：王志浩）

凤凰山汉墓壁画——射弋图（摄影：王志浩）

凤凰山汉墓壁画——庭院、车舆、怪兽图（摄影：王志浩）

地方特色，是研究汉代鄂尔多斯地区历史、社会经济、文化、服饰、生活习俗、民族构成等极为珍贵的形象化史料。为鄂尔多斯市重点文物保护单位。

● **米兰壕汉代壁画墓**

墓葬位于鄂托克旗乌兰镇东南约5000米的草原上，1999年抢救性清理发掘6座，均开凿于红色砂岩中，为带斜坡墓道的洞室墓，墓室平面呈长方形，平顶。墓葬早年被严重盗掘，葬式、随葬品等无法详查。其中的3座墓室四壁及顶部均绘有壁画，顶部绘星象图和祥云图，四壁绘有车马出行图、庭院图、宴饮图、飞骑围猎图、群山放牧图、晒衣图、牛耕图、锄禾图、神兽图等。绘画技法

米兰壕汉墓壁画——围猎图

娴熟，色彩艳丽。是研究汉代鄂尔多斯地区历史、文化，特别是经济形态、生态景观、车舆服饰、建筑起居、绘画艺术等弥足珍贵的形象化史料。为鄂尔多斯市重点文物保护单位。

● 嘎鲁图汉代壁画墓

位于乌审旗嘎鲁图苏木的敖包梁上。2001年抢救性清理发掘2座，是继凤凰山、米兰壕之后，鄂尔多斯境内发现的又一处汉代壁画墓群。分布于低缓丘陵的顶部，开凿于砂岩中，为带斜坡墓道的洞室墓，墓室平面呈长方形。四壁及顶部绘有精美的壁画，内容为持吾执豆侍奉图、

米兰壕汉墓壁画——晒衣图

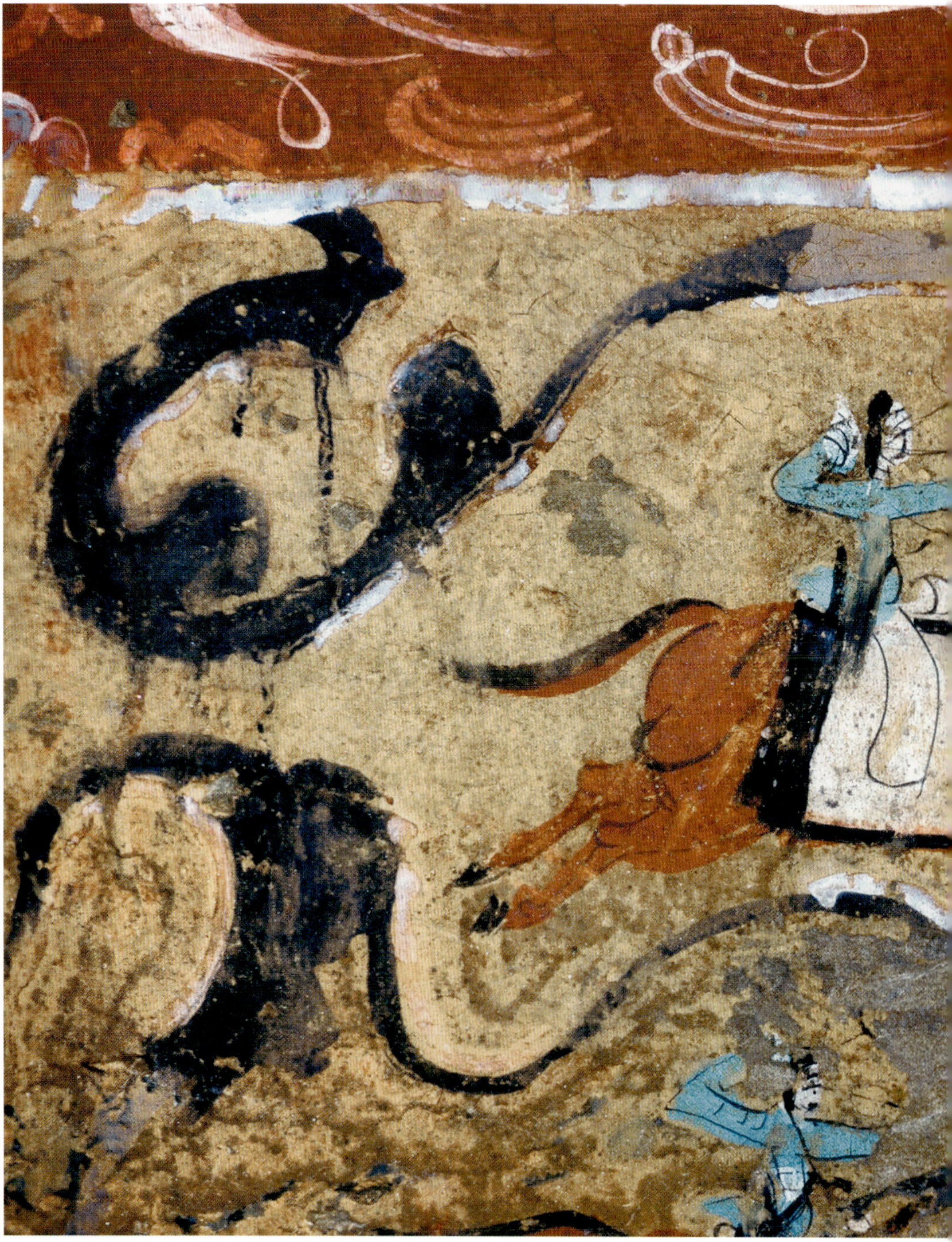

第七章　民族汇聚的辽阔舞台

米兰壕汉墓壁画——围猎图（局部）

鄂尔多斯史海钩沉

以黑盖轺车为中心的出行图、宴饮、抚琴、舞蹈、庭院楼阁图以及由奔驰的骏马、抵斗的公牛、悠闲觅食的群羊、翱翔天空的鹤、雁等构成的草原风光图和显象祥云图等。绘画技法娴熟，色彩艳丽，运用自如。不仅是罕见的形象化史料，更是难得的绘画艺术珍品。为鄂尔多斯市重点文

嘎鲁图汉墓壁画——出行、乐舞图

汉代陶人物俑（乌兰陶勒亥汉代墓地出土）

物保护单位。

◉ 乌兰陶勒亥汉代墓地——鄂尔多斯首次发现汉代丝织品的墓地

位于杭锦旗阿日斯楞图苏木乌兰陶勒亥。多数墓葬早年被盗，部分墓葬保存较好。均为竖穴土坑木椁墓和带长斜坡墓道的土洞墓。多有棺，有的并有椁（棺外的套棺称椁）。出土的随葬品有漆器、纺织品、泥质灰陶灶、盆、罐、黄釉陶熏炉、粮仓、井、鼎、豆、伫立男俑、铜灯等冥器、生活用具和铜五铢钱等。其中的丝织品是本地区首次发现，出土的伫立男俑也极为稀有，对于研究当时

汉代陶动物俑（乌兰陶勒亥汉代墓地出土）

汉代釉陶灶、仓、壶、熏炉等（乌兰陶勒亥汉代墓地出土）

第七章 民族汇聚的辽阔舞台

汉代陶执箕俑（乌兰陶勒亥汉代墓地出土）

的丧葬制度、习俗以及汉代纺织技术、服饰、冠饰等，尤显珍贵。

● **乱圪旦梁汉代墓地——鄂尔多斯首次发现汉代农作物的墓地**

位于东胜区漫赖乡娄家圪台村。地表可见明显的封土堆（坟丘）40余座。墓葬大多为砖室墓（墓室用砖砌筑并券顶），也有少量为竖穴土坑木椁墓（在竖穴墓坑中直接用粗大的木材垒砌成椁室）。墓葬中出土了内蒙古地区发现的保存最完整的龙首铜灶等一大批珍贵文物。另外在一件鸮形黄釉陶壶中，存放有大量保存完好的黍类植物颗粒，这是鄂尔多斯地区发现的时代最早的农作物遗骸，对于研究本地区农业经济发

汉代鸮形釉陶壶（乱圪旦梁汉代墓地出土）

汉代糜子（乱圪旦梁汉代墓地出土）

汉代铁权（东胜区罕台庙出土）
这是在鄂尔多斯地区发现的唯一一套汉代铁权，是研究汉代度量衡的珍贵资料。

展史以及黍类植物的栽种史等具有十分重要的价值。为鄂尔多斯市重点文物保护单位。

● 汉代中阳铜漏——国内保存最好的汉代计时工具

杭锦旗阿门其日格出土。青铜铸造，是古代的计时工具。铜漏壶身作圆筒形，通高47.9厘米，直径18.7厘米，容量6384立方厘米。壶身近底处斜出一管状流，用以泄水，底部有蹄形三足。壶盖上方有双层横梁，壶盖与两层横梁的中央有上、下对应的三个长方孔，用以安插沉箭。壶内底上铸有阳文"千章"两字，壶身外面流的上方，竖行阴刻"千章铜漏一，重卅二斤，河平二年四月造"文字一行，在第二层横梁刻有"中阳铜

汉代铜漏（杭锦旗阿门其日格出土）铭文拓片

汉代铜漏（杭锦旗阿门其日格出土）

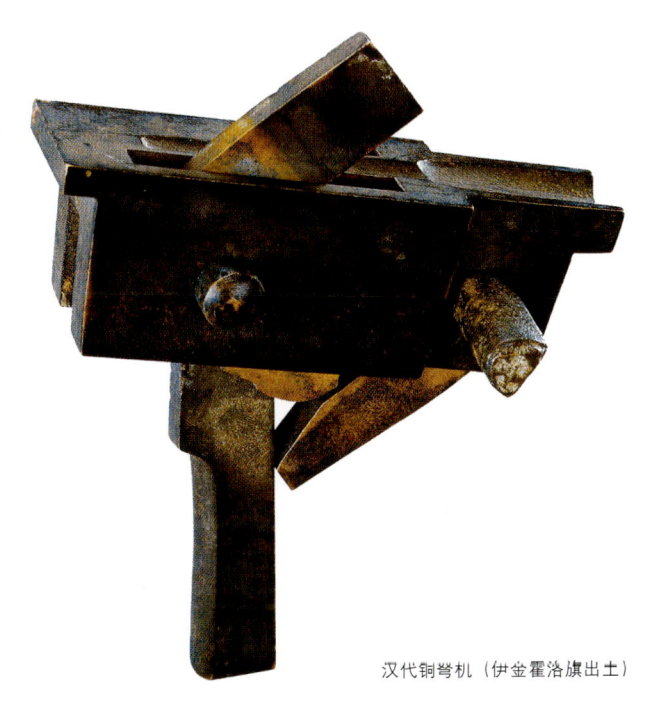

漏"四字。该铜漏是西汉成帝河平二年（公元前27年）四月在千章县铸造，后加刻"中阳铜漏"铭文。千章和中阳在西汉皆属西河郡。中阳铜漏是迄今为止我国发现的保存最完整、且有明确制造年代的泄水型沉箭式漏壶，稀世罕见。

● **汉代铁犁铧——鄂尔多斯历史上时代最早的金属犁铧**

据考古发现可知，至迟在西汉时期，鄂尔多斯的居民在农业生产中，已经娴熟的掌握了牛耕技术。在鄂托克旗凤凰山、米兰壕和乌审旗嘎鲁图等汉代墓葬壁画中，都发现有牛耕图的画面，均为双牛并列挽单辕犁，犁头深深切入土中，耕田人一手扶犁，一手扬鞭，神态轻松自如。这种牛耕技术在中国农村延续了2000多年，其间虽然也有技术上

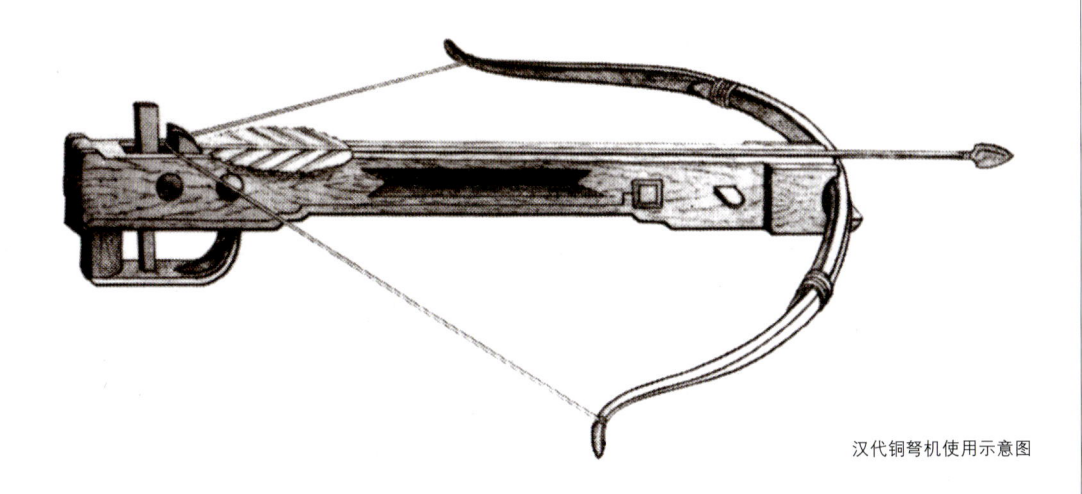

汉代铜弩机（伊金霍洛旗出土）

汉代铜弩机使用示意图

汉代鎏金铜盖弓帽（准格尔旗出土）

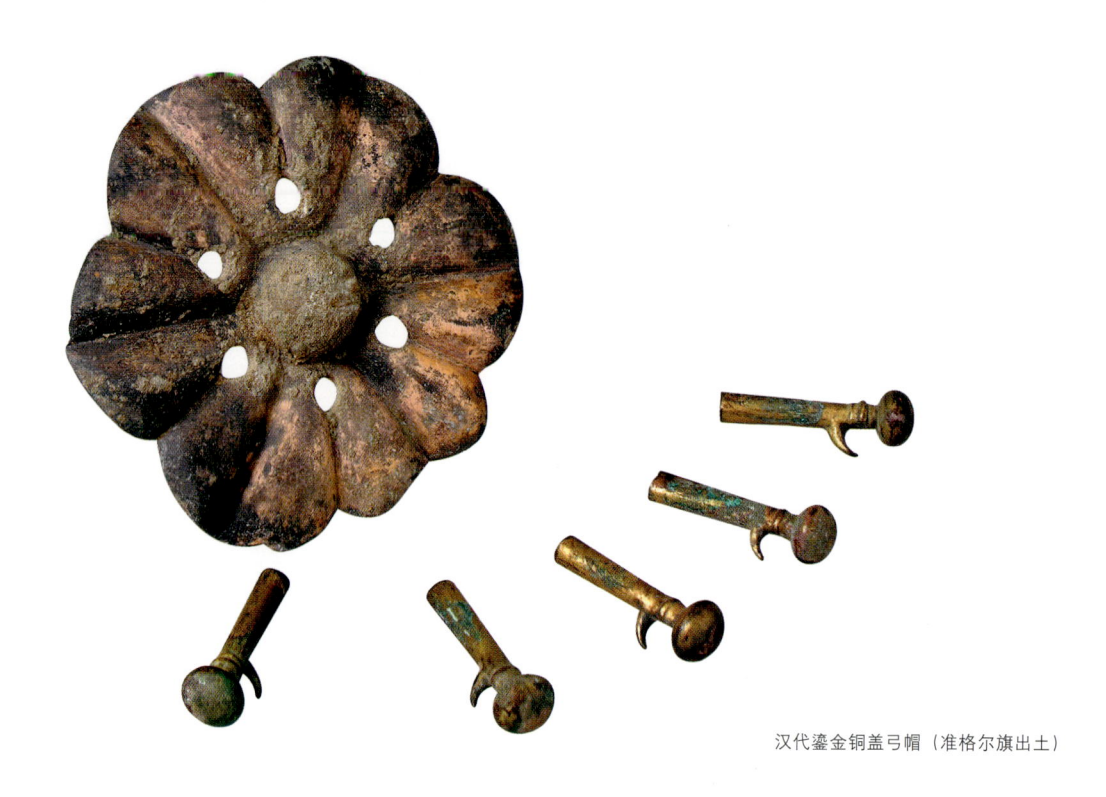

汉代铁犁铧（伊金霍洛旗出土）

汉代陶披斗篷伫立男俑（鄂托克旗三段地汉墓出土）
这件披斗篷伫立陶俑是鄂尔多斯最早的"胡人"形象俑。

鄂尔多斯史海钩沉

汉代陶马俑（伊金霍洛旗车家渠出土）
鄂尔多斯迄今所见时代最早的马俑。

汉代铭文砖（准格尔旗出土）

的改进，但整体格局未变，足见其在历史上所起的重要作用及对人们生产、生活影响之深远。这件汉代铁犁铧是鄂尔多斯迄今所见时代最早的金属犁铧，它的长度和顶部宽度均超过40厘米，也是所见最大的铁质犁铧。铧是犁具的主要部件，安装在犁床的前端，主要起破土、翻土的作用，制作和使用如此巨大的犁铧，反映了人们农务劳作中对深耕技术的要求，这也从一个侧面反映了当时农业生产的发展水平。

汉代陶仓（达拉特旗城圪梁汉墓出土）
鄂尔多斯汉代建筑的实物模型。

2. 辽阔草原你未谢场我登台

魏晋南北朝时期，鲜卑等新兴北方民族的足迹首次踏上了鄂尔多斯大地，为古老的鄂尔多斯注入了新的生机。公元5世纪，匈奴帝国的最后血脉——赫连勃勃建立大夏国，无定河畔巍峨耸立的白色城池，重现着草原王者"统一天下、君临万邦"的雄风。

隋唐时期的鄂尔多斯，既是中原王朝的北疆重地，也是东突厥等北方游牧民族休养生息的辽阔牧场，广阔的鄂尔多斯大地上，飘荡过迎接隋炀帝巡幸的歌乐，也吹响起推翻隋朝统治的起义军号角，还游曳过对抗唐王朝统治的割据势力的旗旌，但更多的是太平盛世下各民族和睦相处的笑语欢歌。

唐代后期，随着西域吐蕃势力的强大，迫使党项人逐步北上迁徙到鄂尔多斯南部，鄂尔多斯丰美的天然牧场和先进的农耕技术，为西夏畜牧业和农业生产的迅速崛起发挥了重要的作用，同时也促进了手工业和商业的繁荣发展，不仅为其在北宋初期建立西夏国奠定了雄厚的基础，并以此为依托雄踞北方与辽、宋对峙，成为中国北方少数民族中的一朵奇葩。1227年，成吉思汗率军攻灭西夏，美丽富饶的鄂尔多斯草原从此打上了蒙古族文化的烙印。

● 石子湾北魏古城——鄂尔多斯唯一的北魏城址

位于准格尔旗沙圪堵镇石子湾村纳林川北岸的台地上，平面呈长方形，正南北向，南墙正中设门，并加筑有瓮城。城内中心偏北处有一大型建筑台基，地表暴露成排分布的石柱础。城内其余地区还发现有多处建筑基址，地表散布有大量的砖、圆形"富贵万岁"文字瓦当、半圆形人面纹瓦当、滴水、筒瓦、板瓦、饰联珠纹或水波纹的泥质灰陶瓮、盆、罐等残片及残铁器等。城外东北处的山坡上，还分布有同时期的烧造陶器的窑址。

该城址是鄂尔多斯地区迄今为止唯一确定的北魏城址，对于研究本地区魏晋南北朝时期的历史，具有重要的价值。现为鄂尔多斯市重点文物保护单位。

● 大夏国都统万城——鄂尔多斯唯一的古代国都

位于乌审旗巴图湾水库东约10公里的无定河北岸。因筑城用的是黏土和石灰等混合而成的"三合土"，土色泛白，所以当地群众俗称"白城子"。东晋安帝义熙三年（公元407年），匈奴铁弗部首领赫连勃勃

北魏人面纹瓦当、"富贵万岁"文字瓦当（石子湾古城出土）
人面纹瓦当、"富贵万岁"文字瓦当是特征鲜明的北魏瓦当。

第七章 民族汇聚的辽阔舞台

北魏陶罐、壶（达拉特旗出土）
砂质褐陶罐，盘口壶为鲜卑族特有的生活器皿。

北魏铁犁铧、镢、斧、甾（乌审旗出土）

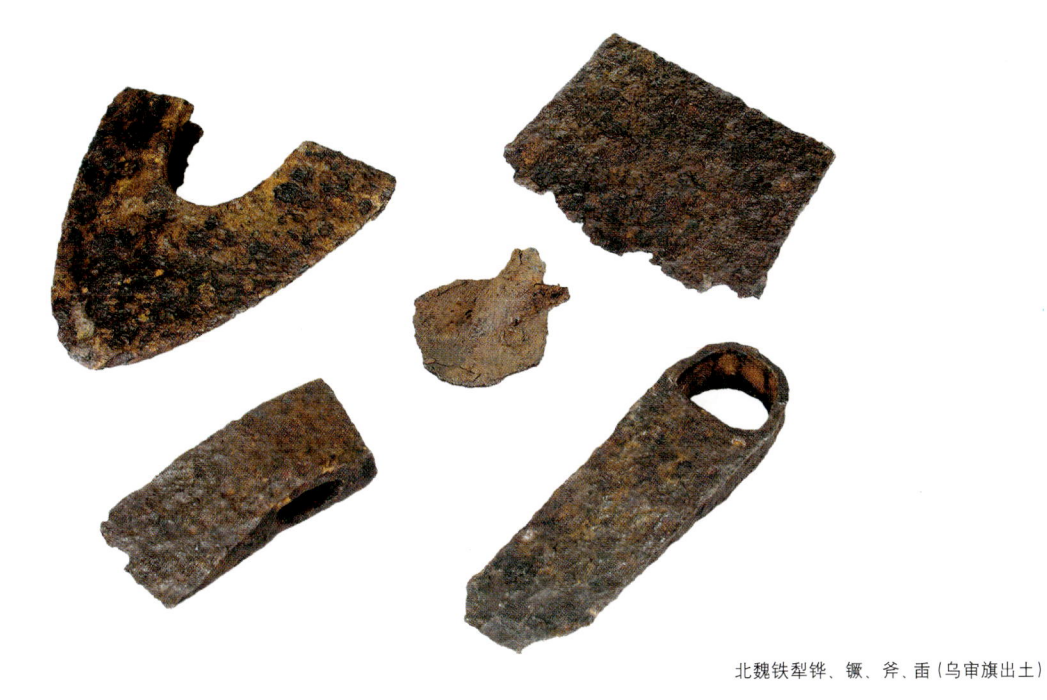

北魏铁𨰾（乌审旗出土）

第七章 民族汇聚的辽阔舞台

自称天王大单于，建立大夏国。大夏凤翔元年（公元413年），赫连勃勃驱使十万人在朔方水（今无定河）北、黑水（一说为今纳林河）之南营建大夏国都，取统一天下，君临万方之意，将都城定名为统万城。据史料记载：统万城历时7年方建成，规模十分宏伟。周围数里，"城高十仞"。古城由宫城、内城和郭城三部分组成，城内楼台高大，殿阁宏伟，装饰土木，极其侈丽。城墙异常坚固，虽经1500年风雨侵蚀，依然巍峨挺立，雄踞北国。统万城不仅是位于鄂尔多斯境内唯一的一座古代都城，也是我国现存为数极少的早期北方少数民族建设的最完整、最雄伟、最坚固的都城之一，既是研究大夏国历史、文化的重要文物史料，同时在研究本地区环境变迁等方面也具有特殊的重要地位。为全国重点

文物保护单位。

● **郭家梁田媭墓墓志铭——唯一的大夏文字史料**

1992年出土于乌审旗纳林河乡郭家梁村。墓葬由长斜坡墓道、甬道、天井、前室和后室五部分组成。前、后墓室平面均为长方形，顶部起脊向左、右呈两面坡状。室内绘有仿木建筑结构的彩绘，如四角有立柱，柱上有横梁、"山"字形屋架及椽子等构件。出土墓志一方，并有陶罐、陶甑及铜钵等生活器皿。墓志记载墓主人为田媭，甘肃武威人，生前曾任赫连勃勃所建大夏国的建威将军、散骑侍郎、凉州都督、护光烈将军、北地尹、将作大匠、凉州刺史等职。田媭墓是鄂尔多斯地区发现的唯一一座具有明确纪年的大夏国时期的墓葬，该墓志铭不仅具有非常重要

大夏国都——统万城

的史料价值，而且也是我国发现极少的北朝时期的书法作品，其文风正处于由汉隶向魏碑的过渡阶段，弥足珍贵。

● 十二连城古城——鄂尔多斯沿用时间最久的古代城址

位于准格尔旗十二连城乡政府所在地黄河南岸的台地上，濒临黄河。传说这里有9座古城，附近还有3座古城，故有十二连城地名之说。据考古调查，现轮廓比较清楚的是相互毗连的5座分别属于不同时代的城垣。结合文献记载可以确定，时代最早的是汉代的沙南县城；其次为隋文帝开皇三年（公元583年），在沙南县城的故址上兴建的榆林城，亦称"榆林关"；开皇七年（公元587年）改为县治，属云州所辖；开皇二十年（公元600年）设置的胜州治所；唐代领榆林、河滨二县的胜州治所；明代属东胜右卫城。这里自汉代以来就一直是中国北方的政治、军事重镇。为内蒙古自治区重点文物保护单位。

大夏田昶墓墓志铭
（拓片提供：李少兵）

十二连城古城

唐代三彩仕女俑（准格尔旗十二连城古城出土）
唐三彩仕女俑表现了鄂尔多斯唐代妇女的风采。

第七章 民族汇聚的辽阔舞台

唐代陶骑马俑(准格尔旗十二连城古城出土)

唐代陶伫立男俑（准格尔旗十二连城古城出土）

● 城川古城——鄂尔多斯保存最好的唐代州城

位于鄂托克前旗城川镇东约1公里处，汉代古奢延泽所在地。古城平面形制呈长方形，面积约44万平方米。城墙由灰白色沙土夯筑而成，结构坚实紧密，保存较好，墙上角楼、马面、瓮城历历可见。经北京大学侯仁之教授等考证，城川古城应为唐元和十五年（公元820年）前的长泽县城和唐元和十五年移治长泽县的宥州新城故址。新宥州，是唐王朝专门为内徙的党项族而设，在这里站稳脚跟的宥州刺史拓跋思恭，于唐僖宗广明元年（公元880年），因起兵镇压黄巢起义有功，被晋爵为夏国公，赐姓"李"，党项族因之在这一地区逐步强大，城川古城也随之成为建立西夏王国的摇篮，西夏时期重要的政治、经济、军事重镇。新宥州城不仅为西夏的建立、发展和繁荣做出过不可磨灭的贡献，同时也是西夏国建立、发展和灭亡整个历史进程的最好见证，在西夏史研究中具有举足轻重的地位。同时也是研究本地区唐、宋、西夏时期历史、政治、军事、经济、文化及城市营造制度、民族交往史等无法替代的重要实物史料。另外在研究中国北方历史时期生态过渡带的人地关系、民族关系，以及研究奢延泽、毛乌素沙地的环境变迁等方面，都具有非常重要的地位。城川古城址是内蒙古中南部地区保存最好的古城之一，为内蒙古自治区重点文物保护单位。

唐代三彩盂（准格尔旗十二连城古城出土）

城川古城

◉ 哈龙贵灵州节度使墓——鄂尔多斯地面设置等级最高的五代墓葬

位于鄂托克旗棋盘井镇境内，东临巴音乌素河，三面环哈龙贵山。地表竖立有石刻的羊、马、猪和文、武官石雕像。雕像均与真人真物体量相当，比例适中，雕刻细致入微，栩栩如生。文官雕像头戴圆顶帽，面目和善，身着长袍，博袖右衽，腰束带，两手持笏于胸前。武官雕像头戴盔，上身披甲，窄袖。双手持剑柄置于腹前，剑头朝下。据地表发现的残汉白玉石墓碑上"灵州节度使墓铭"刻文等可知，该墓地应为五代十国时期灵州节度使的墓葬，是鄂尔多斯地区目前发现的五代十国时期等级最高官吏的墓地。

鄂尔多斯史海钩沉

哈龙贵五代灵州节度使墓地面石像生
(石像摄影：季雪飞)

● **唐代姜义贞墓志铭——"价值连城"的墓志铭**

出土于准格尔旗十二连城乡政府所在地南。用两块长方形青砖写成。砖长22厘米,宽16.5厘米,厚5厘米,用墨笔楷书撰写铭文。一块为墓志盖,上书一行7字:"故人品子姜义贞",另一块书写墓志铭文,共五行66字:"胜州榆林县归宁乡普静里故／人品子姜义贞年卅五开元十九／年岁次辛未二月庚辰朔三日／壬午故其月十一日辛卯殡在州城／南一里东西道北五十步祖在其前铭"。该墓志铭详细记录了墓葬的具体位置,为最终确定依据文献记载推断的十二连城古城应为隋唐时期的胜州榆林城,提供了决定性的实物资料佐证,价值非凡。

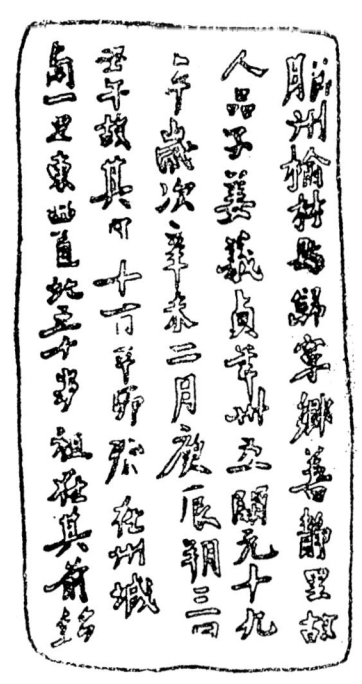

故人品子姜义贞墓志铭

唐代铁牛、铁猪（乌审旗出土）

● 乌审旗郭梁墓地

位于乌审旗纳林河乡张冯畔村郭梁社东南的山梁上，由于这里分布较多具有高大封土堆的墓葬，相传地下埋葬着职位较高的官吏，因此当地老乡俗称"王埋墓梁"。1993年，内蒙古自治区文物考古研究所会同鄂尔多斯博物馆和乌审旗文物管理所，对这里被盗掘的14座隋、唐时期的墓葬进行了抢救性的清理发掘，尽管这些墓葬均多次被盗，但仍获得了一批较为珍贵的资料，特别是两盒唐代墓志的出土，对于研究唐代地理、地望、职官以及统万城在唐代的隶属等尤为珍贵，在有些方面甚至具有增补史阙的重要作用。

唐代瑞兽葡萄铜镜（准格尔旗出土）
这件葡萄镜为唐代铜镜制造业的典范。

● 宋代丰州故城——鄂尔多斯境内唯一的宋代城址

据文献记载：五代十国时期，我国西北地区的藏才族（藏擦勒族），乘战乱之机，进入今准格尔旗境内。辽伐西夏时，藏才族首领王承美率部附辽，辽授其官职，并助其构筑城池。宋开宝二年（公元969年），王承美归宋，宋廷准其扩建城邑，并赐名"丰州"，封王承美为丰州衙内指挥使。开宝四年（公元971年）任命王承美为天德军蕃汉都指挥使，知丰州事。开宝五年改授王承美为丰州刺史。经考证，位于准格尔旗敖斯润陶亥乡二长渠村山梁上的古城址，即为北宋时期兴筑的丰州城邑。古城依山势而筑，城垣东、北、南三面临沟，由东、中、西三城组成，平面不大规整，总占地面积约20万平方米。另外，在该城址西、北约8.5公里，今羊市塔乡古城渠村西南和敖斯润陶亥乡古城梁村北的山梁上，还有两座与其呈"犄角"之势的小城址，三者间还分布有烽燧遗址相呼应。这两座小城址则应为隶属于丰州城的永安砦故城和保宁砦故城。

丰州古城及所属的两座砦城，既是鄂尔多斯境内唯一的宋代城址，也是内蒙古地区唯一的一座宋朝州城。

◉ 排子湾拓跋李氏家族墓志铭——研究西夏皇室家族史最具价值的墓志铭

出土于乌审旗纳林河乡排子湾村的墓葬，为五代至北宋初年、居住在夏州（今统万城）一带的拓跋部李氏家族墓地。关于西夏皇族拓跋部的族源问题，目前学术界主要有三种观点：一是西夏拓跋部乃鲜卑拓跋部，而非党项拓跋部；二是西夏拓跋部即党项拓跋部，属于古羌族的一支；三是西夏拓跋部的部众为党项羌人，而首领是鲜卑拓跋人。三种观点各执己见，争执不下。排子湾李氏家族墓志铭中，开首用了大段的文字，记述其家族起源经过，并明确表示其家族为"本乡客之大族，后魏之萃系焉"。这是截至目前所知时代最早的西夏拓跋李氏家族自己对本族起源的记录，当具有较大的权威性，极大地补充了历史文献记载的不足，对于研究西夏拓跋部李氏家族的族源、世系、与汉族文化的融合过程，以及相关夏州地区的历史、地理变迁等，都具有极高的史料价值。

排子湾拓跋李氏墓志铭

排子湾拓跋李氏墓志铭

● 大沙塔西夏墓群——鄂尔多斯唯一的西夏壁画墓

位于准格尔旗哈岱高勒乡城坡村化石窑子社。为带斜坡墓道的仿木结构砖室墓。在墓室的四壁及顶部彩绘有反映墓主人日常生活的"夫妇对饮图"、"侍奉图"、"牵驼图"等壁画。是鄂尔多斯境内发现的唯一一处有壁画的西夏墓群，对于研究本地区西夏时期的历史以及丧葬习俗、建筑、服饰、绘画艺术等，弥足珍贵。为准格尔旗重点文物保护单位。

● 新民渠西夏钱币窖藏——出土数量最多的西夏钱币窖藏

1982年，达拉特旗盐店乡新民渠村村民耕作时，在地里发现两口对扣的大铁锅，锅内放置大量的古钱币，有东汉"五铢"、唐"开元通宝"、北宋"祥符通宝"、"元祐通宝"、"宣和通宝"，西夏"天盛元宝"、"乾祐元宝"等铜钱，共计12种26式272154枚。另外还出土大量由于锈蚀严重、彼此粘连、数量无法准确统计的西夏"天盛元宝"、"乾祐元宝"铁钱。这是鄂尔多斯地区一次性出土数量最多的钱币窖藏，对于研究西夏时期鄂尔多斯地区的社会经济、商业贸易以及钱币制度等，均具有十分重要的价值。

当时，人们为了躲避战乱等，往往将不易随身携带的贵重物品或日常生活用具等就地草草掩埋，待战乱过后回来继续使用。但许多人从此踏上了不归之路，这些窖藏也就成了无人知晓的秘密。在岁月的流逝中，这些"秘密"由于种种原因重现天日，成为后人探寻当时社会历史、政治、经济、文化等的珍贵史料。

● 陶利西夏钱币窖藏——出土品类最多的西夏钱币窖藏

1987年，在乌审旗陶利苏木桃尔庙嘎查，出土了一座西夏时期的钱币窖藏，出土的古钱币总重约430公斤，共计115707枚，币种上起秦"半两"，下迄西夏"乾祐元宝"，共77种，402品。是鄂尔多斯地区出土钱币品类最多的一处窖藏，其中辽代钱币9种，西夏钱币5种都较为少见，尤其是西夏钱币中的西夏文"福圣宝钱"、"大安宝钱"，汉文"乾祐元宝"等更为珍稀。对于研究鄂尔多斯西夏时期的社会经济、商业贸易、货币制度等，具有十分重要的价值。

● 敖包渠西夏窖藏——出土器物最丰富的西夏窖藏

1982年，在准格尔旗准格尔召乡敖包渠村发现一座西夏窖藏。窖藏容器为一件大瓷瓮，内放置酱釉剔花瓶、白釉画花碟、白釉盆、瓶、

西夏文钱币（陶利西夏钱币窖藏出土）
左：大安宝钱　右：福圣宝钱

西夏铁锄（敖包渠西夏窖藏出土）

第七章　民族汇聚的辽阔舞台

钵、碗等大量瓷器。瓮口覆盖一口铁锅，周围堆放有铁镬、锅、火盘、鏊、铛、火撑、臼、杵、熨斗、勺、锁、剪子、刀、镢、锹、铲、锄、镰、犁铧、犁镜、马衔、马镫、马绊等生产工具、生活用具。这是鄂尔多斯地区一次性集中发现数量最多的西夏文物，不仅出土了众多制作精美的瓷器，而且成组的保存完好的铁质生产工具和生活用具也是首次发现，对于全面了解鄂尔多斯地区西夏时期考古学文化的面貌、特征，以及当时的社会生活、农业经济、瓷器烧造、冶铁业的发展水平等，具有里程碑的意义。

西夏铁剪（敖包渠西夏窖藏出土）

西夏铁马镫（敖包渠西夏窖藏出土）
鄂尔多斯迄今所见时代最早的马镫实物。

● **铁犁镜——鄂尔多斯迄今所见时代最早的犁镜实物**

犁镜与犁铧配套使用，安装在犁铧的上端，主要起控制犁铧所翻耕土的倒向作用。在没有发明犁镜之前，要想达到深耕和控制所翻耕土倒向的目的，就必须使犁铧达到一定的长度和宽度，如所见汉代犁铧不仅平面呈等边三角形，而且体量也很大。这样的犁铧不仅耗材多，而且截面大、易破损。而犁镜的发明，一方面可以缩小犁铧的体量，减轻犁具的重量，降低犁铧的耗材，减少牛对犁具的挽力，另一方面，可以便捷这种易损品的制作、加工以及更换，可以说是犁具发展史上的一大进步。这件铁犁镜出土于准格尔旗准格尔召乡敖包渠西夏窖藏，是鄂尔多斯迄今所见时代最早的犁镜实物，它的发现表明西夏时期的农耕生产技术较前代又有了飞速的发展。

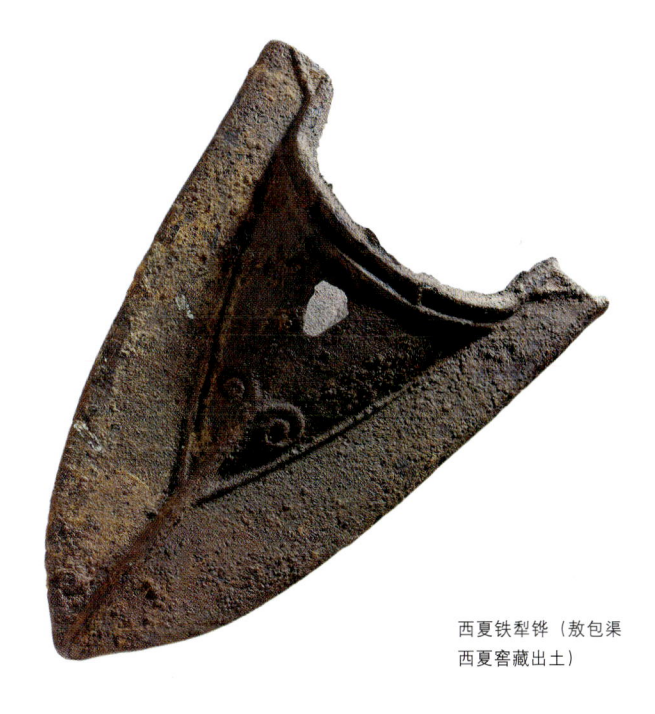

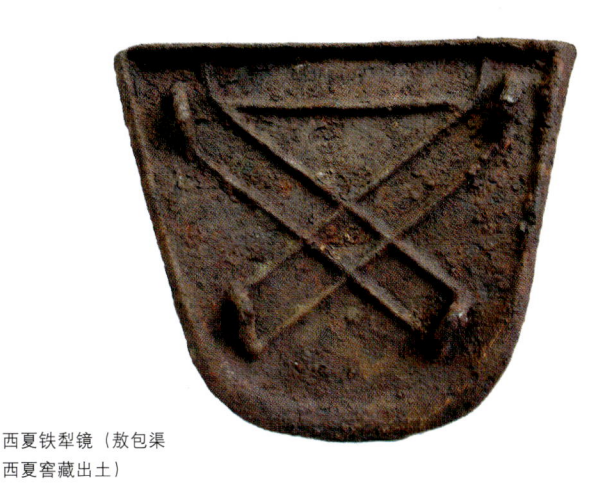

西夏铁犁铧（敖包渠西夏窖藏出土）

西夏铁犁镜（敖包渠西夏窖藏出土）

西夏花瓣口剔花瓷瓶
（敖包渠西夏窖藏出土）

◉ 西夏花瓣口剔花瓷瓶——鄂尔多斯出土造型最精美的西夏瓷器

准格尔召敖包渠西夏窖藏出土。胎质较粗，略呈土黄色。花瓣口，直颈，球形腹，平底，高圈足、底部外敞。通体施黑酱釉，圈足底端露胎，腹部剔刻两组缠枝牡丹开光图案。造型独特，工艺精湛，剔花技法简练，线条流畅，是西夏瓷器中少见的精品。

◉ 瓦尔吐沟西夏窖藏

1985年，在伊金霍洛旗布尔台格乡巴日图塔村南的瓦尔吐沟台地上，发现一座西夏窖藏，出土了数量众多的瓷器和铁器，其中保存相当完好的一组铁质农具和生活用具非常珍贵，尤其是两件羊首高杆三足铁灯为首次发现，为研究鄂尔多斯地区西夏时期历史、社会经济、生活习俗等提供了难得的实物史料。

西夏铁臼、杵（瓦尔吐沟西夏窖藏出土）

西夏铁勺（瓦尔吐沟西夏窖藏出土）

● 羊首铁灯——最神圣的铁灯

瓦尔吐沟窖藏出土。铁质，锻造。圆柱状长灯杆顶端为一圆雕的羊首造型，羊首的犄角后部披挂有垂叠的条带和向额部弯回的冠状圆形饰物，羊首下颌髯须向前弯曲，衔接圆形浅腹圜底灯碗。灯杆下端接长三足灯脚。如此形状的羊首造型，在西夏文物中还是首次发现。据专家考证，西夏的皇族宗室，有将他的神像作成"羊首缔冠"的奇特习俗，假如这件铁灯顶端羊首造型的后部所披挂的垂叠的条带和向额部弯回的圆形饰物，的确是人们理解的冠和结绶（即系上的飘带）装饰的话，那么这件珍贵西夏文物的发现，不仅进一步丰富了西夏民俗学的史料，从一个侧面反映了西夏皇族对羊的崇拜，同时也表明了这件羊首铁灯绝非一般的民用物品，它一定具有非同寻常的地位，是在特殊的场合下使用的器皿。

西夏羊首铁灯（瓦尔吐沟西夏窖藏出土）

● **白圪针西夏窖藏**

1986年在伊金霍洛旗红庆河乡白圪针村村南的沙梁中，发现一座西夏窖藏，出土一批包括瓷器、铁器、石器在内的珍贵文物，尤其是其中的酱釉剔花瓶和酱釉剔花罐等，更是西夏文物中难得的国宝级精品。

● **西夏牡丹纹剔花瓷瓶——鄂尔多斯出访国家最多的西夏瓷器**

白圪针窖藏出土。台形小口，斜折肩，弧腹略鼓，平底，环形圈足。施酱釉，肩部露胎，下腹部施釉不到底，腹部采用剔釉露胎的技法，剔划出两组牡丹纹开光图案，两组图案间刻画组合平行弧线。近底部刻划一只奔跑的鹿，作回头惊恐状，口中喷吐一团云雾。这件牡丹纹剔花瓷瓶工艺精湛，技法娴熟，图案主题突出、凝重浑厚，是西夏文物中少见的精品，多次应邀赴北京、上海等地和日本、美国、加拿大等国家展出。

西夏牡丹纹剔花瓷罐
（白圪针窖藏出土）

西夏牡丹纹剔花瓷瓶（白圪针窖藏出土）

● 西夏文"首领"铜印——鄂尔多斯发现的时代最早的北方民族首领印章

铜印背部带有长方形柱状纽，印面为方形，边长一般为5.5厘米左右，通高3.5厘米左右。印文大多数为字体繁复、屈曲盘回的西夏阴文九叠篆书"首领"两字，印背纽两侧及顶端刻有行书体的授印年款、掌印人姓名以及标示印章方向的"上"等西夏文字。

西夏的官职一般均效仿中原王朝，但由于所设置的官职多由原部落中的大小首领充任，因此，西夏印章中最常见的就是印文为"首领"的官印，相当于现在官员的个人印章，代表着一定的权力和地位，和单纯的个人私印具有本质的区别。

西夏文"首领"铜印（伊金霍洛旗出土）

西夏文"内宿待命"铜令牌（乌审旗出土）

● 西夏文"内宿待命"铜令牌

铜令牌整体略呈"凸"字形，上端有穿系椭圆形孔，下端为向内的双联弧状，周郭起棱，正反两面均刻有西夏阴文，正面为"内宿待命"四字，背面为"定如□□"四字。"定如"为西夏人的族姓及姓氏，因此推测背面的文字为持有者的姓名。西夏时曾设"内宿司"，主要负责宫内的"宿卫"之职，"内宿待命"令牌应该是西夏高级侍卫官所持有的证明身份的信物。

● 阿尔寨石窟寺——鄂尔多斯规模最大的石窟寺

阿尔寨（汉语谓百眼窑）石窟位于鄂托克旗阿尔巴斯苏木境内，坐落在低缓丘陵地貌中一座孤立突起的平顶红色砂岩小山上，因山体周围分布众多石窟而得名。

阿尔寨石窟寺所在山体的平面略呈凸字形。东西长约200米，南北平均宽约70~90米，向北延伸出一条长约70米的狭长山嘴。山顶海拔高度1460米，与周围的高差约40米，四周全部为陡壁。石窟均依山开凿，分布于山体的四壁，现存67座石窟，22座浮雕石塔。在山顶上还有6座建筑基址。

石窟的形制主要有中心柱式窟、平面呈方形和长方形单间石窟等几种。石窟均直壁，平顶，拱形或方形门。有的窟壁凿有壁龛及须弥座，有的顶部凿出网状方格，亦有的顶部中心凿出莲花或叠涩藻井。有的石窟门前曾建有门楣、窟檐等木构建筑。

许多石窟内曾有泥塑佛像并绘制有壁画，目前，虽然洞窟内的泥塑佛像均已无存，但壁画大多还保存

阿尔寨石窟寺

阿尔寨石窟寺浮雕石塔

较好,所采用的色彩多为绿、黑、白、红等色,均为矿物颜料。壁画的题材以反映藏传佛教方面的内容为主,如佛像、佛教诸神像、佛本身故事图、供养图及讲经图等;还有大量反映当时现实生活的世俗壁画以及部分汉传佛教的内容。另外,还发现大量早期回鹘蒙古文榜题。

发现的22座浮雕石塔,除1座为密檐式塔外,其余均为覆钵腹式塔。多数石塔在岩壁上直接浮雕而成,少数石塔雕凿在长方形或长椭圆形佛龛内。个别塔腹的龛内存放有骨灰和绢纸残片或在塔腹凿刻密宗早期派别黑教的驱魔标志。

在阿尔寨石窟周围还发现有塔基遗迹等。

据石窟的形制、壁画的内容、绘制风格以及回鹘蒙古文所保留的古老特征以及浮雕塔的造型、特征等综合分析，阿尔寨石窟寺的开凿年代可能在北魏中、晚期，至迟不晚于西夏，以蒙元时期最盛，明末停止开凿及佛事活动。据文献记载，结合石窟寺内有火焚迹象等推测，该石窟寺可能毁于明朝后期的战火。现为全国重点文物保护单位。

阿尔寨石窟寺是中国北方草原地区规模最大的石窟寺建筑群，也是中国规模较大的西夏至蒙元时期的石窟寺，它不仅是一处重要而罕见的宗教艺术宝库，更是我们研究蒙古历史、文化和生活习俗等无可替代的珍贵史料，具有很高的历史、宗教、文化和艺术价值。作为中国石窟文化艺术的瑰宝，确可与国内几大著名石窟媲美，而阿尔寨石窟的历史文化内涵，还有其他石窟所不及之处。其重要性主要表现在以下几个方面：

（1）阿尔寨石窟寺年代的确认，延伸了学术界常规上认定的：中国北方石窟寺开凿史，始于十六国而终于元的观点，对于中国石窟寺的研究工作具有十分重要的价值，特别是在元代石窟寺的研究方面，更是具有不可替代的地位。

（2）阿尔寨石窟寺保存有大量

阿尔寨石窟寺蒙古帝王受祭壁画

的壁画，是该石窟寺最有价值的文物遗存。壁画除宗教内容外，还有许多珍贵的世俗壁画。在宗教壁画中，既有大量藏传佛教（密宗）的内容，也有一定数量汉传佛教（显宗）的内容。在藏传佛教壁画中，不仅保存有早期的本教画，而且萨迦派、宁玛派、格鲁派等风格的作品都有发现。世俗壁画中，保存有大量反映当时社会生活的场景，尤以"蒙古帝王受祭图"、"各族僧众礼佛图"、"丧葬图"等最为珍贵。不同宗派风格的壁画在同一个石窟寺内出现实属罕见，它再现了佛教在今内蒙古地区流传的历史画卷，特别是研究藏传佛教及其主要派别在内蒙古地区发生、发展史的重要实物资料，十分难得。而那些具有浓郁蒙古民族特色的世俗壁画，内涵丰富、包罗万象，更是我们研究蒙古民族政治、经济、文化、艺术、地理以及宗教信仰、民风民俗等难得的形象史料，弥足珍贵。

（3）在阿尔寨石窟寺发现大量的早期回鹘蒙古文榜题，是目前世界上发现回鹘蒙古文榜题最多的一处遗址。这些榜题书写时代约为元代初期至北元时期，其价值和数量均高于敦煌莫高窟保存的回鹘蒙古文榜题。内容大体可划分为迎请诗、祈祷诗、赞颂诗三大类，涉及三十五种佛、二十一救渡母佛、十六罗汉、四天王、达摩居士五个门类，是研究中古蒙古语文发展史的珍贵史料。这些榜题中保留的古蒙语词汇和书写格式，以及具有不同时代特点的几种书写方式等，引起古代蒙文研究界的高度重视。

随着对阿尔寨石窟寺及周边地区调查、研究工作的不断深入，这座石窟寺又因与一代天骄成吉思汗晚年的军旅生涯有关，而再次引起人们的高度关注。

阿尔寨石窟寺各族僧众礼佛图壁画

阿尔寨石窟寺回鹘蒙古文榜题

《蒙古秘史》等文献记载,"狗儿年(公元1226年)冬,间于阿尔不合地面围猎,成吉思汗骑一匹红沙马为野马所惊,成吉思汗坠马跌伤,就于搠斡尔合惕地面下营。"经历史、文字、民族学专家们多方考证,这段涉及成吉思汗最后一次征服西夏的战役前围猎坠马负伤记载中的"阿尔不合",就是现在位于阿尔寨石窟寺西约30公里,鄂尔多斯市与乌海市交界处的阿尔巴斯山;而"搠斡尔合惕"(蒙语意为"多窟汇聚之处"),指的就是阿尔寨石窟。

另外,在阿尔寨石窟寺的壁画中,一些与成吉思汗或蒙古帝王祭祀祭拜等有关内容的破译,也为这座民族文化的宝库增添了一层神秘的色彩。

神秘的阿尔寨石窟、遥远的传说、延续了近800年的一成不变的祭祀活动，这其中隐喻着多少鲜为人知的秘密。如今，对阿尔寨石窟寺的综合保护、研究工作已经启动，相信随着考古、历史、民族语言文字、宗教、艺术等各学科的多方位、多层次研究工作的深入开展，这个民族文化的宝库将提供给人们更多、更深入细致的信息。难解之谜，让我们翘首以盼吧！

● 百眼井——鄂尔多斯数量最多、最集中的古井群

位于鄂托克旗公其日嘎乡百眼井村。在一望无际的荒漠草原上，有一条从东北向西南延伸的干枯古河道，河道内布满了密密麻麻的井口。

百眼井

当地牧民称其为"敖愣瑙亥音其日嘎"(汉语意为"众狗之井")。汉族群众称其为"百眼井"。据文物部门初步调查,在这不足一平方公里的范围内,分布有80余眼古井。井与井的距离为10多米,井深者几十米,浅者10余米。井筒光滑,井壁上不见凿刻的痕迹和用于上、下攀登的脚窝。通过对部分古井的清理发掘可知,这些古井的使用年代可以早到宋元时期。由于百眼井的时代、位置均与成吉思汗晚年挥师南征西夏的时间、地望相符,因此,有学者认为,这些位于鄂尔多斯大地上的密集井群,应该与成吉思汗征西夏的事件有关。

元代画花瓷罐、碗、高足杯(准格尔旗出土)

元代玉杯（乌审旗出土）

● 三岔河古城——鄂尔多斯直接由元代朝廷管辖的城市

古城位于乌审旗河南乡政府西约20公里处，城址北临无定河。古城平面呈长梯形，地表散布大量兽面纹、龙纹瓦当、滴水、铁镞以及黑釉铁锈花、画花、剔花瓷器等西夏、元代的遗物。在古城的北部和西部，还分布有大量的同时期墓葬。据部分专家考证，该城应为元代由安西王阿难达所建的察汗脑儿故城，后收归朝廷直辖，设察汗脑儿宣慰司。为内蒙古自治区重点文物保护单位。

● 翁滚梁古墓群——鄂尔多斯境内等级最高的蒙古黄金家族墓地

位于乌审旗沙尔利格苏木境内。该墓群是成吉思汗第十六世孙、鄂尔多斯万户巴尔斯博罗特等皇室后裔的陵墓区。长眠于该陵区的有许多鄂尔多斯蒙古部的著名人物。如《十善福经白史》的修著者：胡图库台·彻辰·洪台吉；其孙，蒙古史巨著《蒙古源流》的作者萨囊彻辰等。该陵区自清代以来被官方划为禁区，衙门设1名梅林专管陵区，并设多名守卫看护。为内蒙古自治区重点文物保护单位。

● 小乌兰布浪元代墓葬——鄂尔多斯唯一有纪年的元代墓葬

位于准格尔旗大路乡小乌兰布浪村。2001年发现一座有元代"泰定三年六月初二日"墨书题记的砖室墓，墓室平面呈方形，四角攒尖顶。墓室四壁绘有精美的壁画，内容主要有门神图、海东青攫兔图、仕女图、狮虎图等,是鄂尔多斯境内首次发现的元代壁画墓,也是国内为数极少的元代壁画墓之一,在研究元代绘画艺术等方面尤显珍贵。

● "大元国内"铭文画花瓷罐——鄂尔多斯发现的具有纪年铭文的元代瓷器

出土于准格尔旗布尔陶亥乡乌兰沟村。敛口、圆唇、矮直领、鼓腹、平底。通体白釉上绘有牡丹花图案,腹部用赭黑釉纵书:"至元二十二年／大元国内／二月二十日"三行15个字。是鄂尔多斯境内首次发现的带有纪年铭文的元代瓷器。

● 鄂托克前旗明代长城

位于鄂尔多斯高原西南部鄂托克前旗城川乡境内,为今内蒙古与宁夏的分界线。这里的长城为南、北

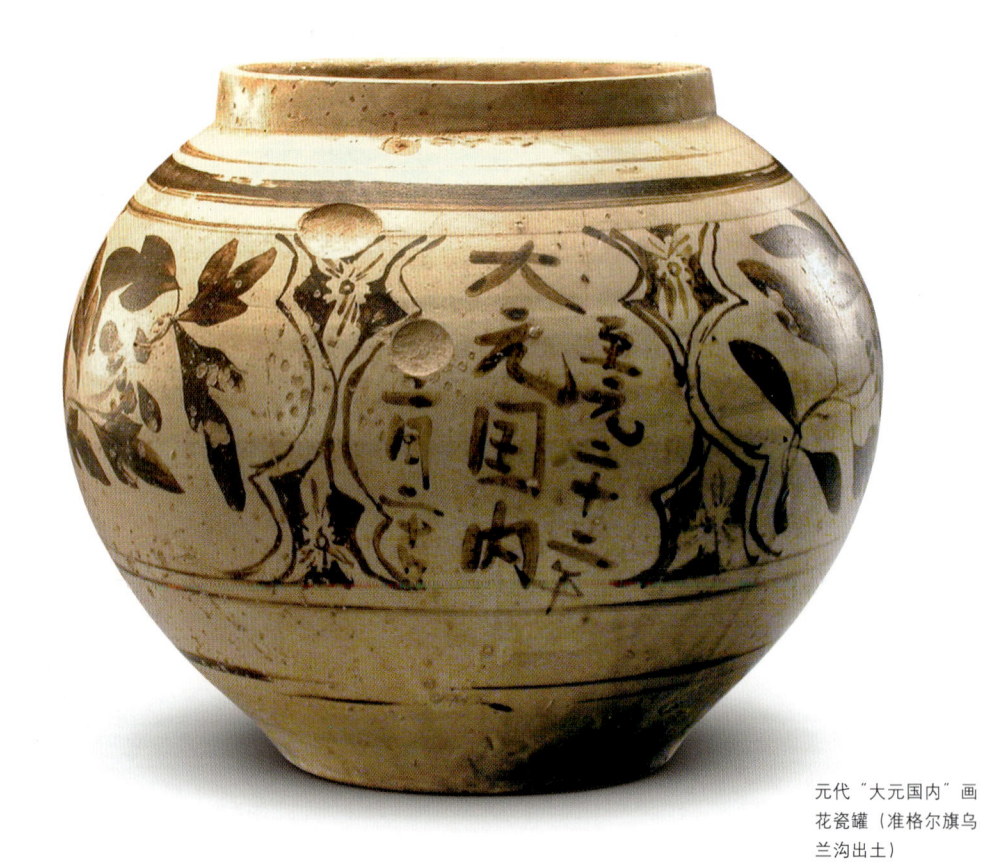

元代"大元国内"画花瓷罐(准格尔旗乌兰沟出土)

明代长城及边堡遗迹
(摄影：甄自明)

并行的两条，即头道边和二道边，大致呈东西走向，单线长度约30公里。头道边（靠南侧的长城，亦称内边）应为嘉靖年间三边总制王琼、唐龙、王宪修筑，保存较好。绝大多数为夯筑土墙，夯层厚15～30厘米，墙基宽13～21米不等，顶端残宽2～6米，残高12.9～2米。另有少许地段为砖筑，其间填充石块等。设有120余座敌台，多呈覆斗形，建在墙体外侧（北侧）。敌台间最近相距73.5米，最远相距571米，多数相距200～300米。敌台基宽17～27米，顶残宽3～10米，另外还发现1处铺舍。二道边（靠北侧的长城，亦称外边）的修建早于头道边，应为巡抚宁夏都御史徐廷章于成化十年（公元1474年）修筑，正德元年（公元1508年），三边总制杨一清予以加固，并在边墙上加修暖铺。二道边与头道边基本并行，最宽处相距146米，最窄处相距25米，多数相距约50～100米，均为夯筑土墙。在长城的内侧建有13座敌台、三处铺舍。由于修建时较为草

第七章 民族汇聚的辽阔舞台

率、简陋，因此保存不好。在两道边的墙体之上均发现有女墙、藏身坑、瞭望室、登城阶梯，长城沿线还发现有挡马墙、壕沟等防御设施。另外，该长城沿线还分布有两座关堡，一座古城，7座墩台（烽火台）。该段长城是东起山海关，西至嘉峪关的明代万里长城的组成部分。现为全国重点文物保护单位。

● 成吉思汗陵寝

大约从15世纪中叶开始，蒙古

成吉思汗陵寝远眺
（摄影：王卫东）

成吉思汗陵阿拉腾甘德尔敖包（摄影：王卫东）

第七章 民族汇聚的辽阔舞台

鄂尔多斯部踏上了这块神奇的土地，迄今五百多年来，他们便一直生活、繁衍在这块土地上，这里也因为他们的长期驻牧而被称为"鄂尔多斯"。

鄂尔多斯部，并不是蒙古历史上早年便形成的诸多氏族部落之一，而是在成吉思汗去世以后，因职业而聚集在一起逐渐形成的一个社会群体。鄂尔多斯部的成员，来自大蒙古国的各地，他们的祖先都是被作为最值得信任的忠诚战士，从各万户、千户中挑选出来，为成吉思汗以及其家族守护"鄂尔多"的。在漫漫几百年的历史岁月中，这支忠诚卫队的后裔，世世代代继承着祖先的业绩，相同的使命，共同的信念，维

鄂尔多斯史海钩沉

成吉思汗陵夕照

鄂尔多斯史海钩沉

成吉思汗陵苏勒德祭坛（摄影：王卫东）

系着这些原本来自不同氏族的人群，构成了专职守护诸多"鄂尔多"的"鄂尔多斯部"，也形成了独具特征的鄂尔多斯蒙古族文化。

　　特殊的组合成分，特殊的历史使命，所处的独特的地理位置等，造就了鄂尔多斯蒙古族文化在具有传统的北方草原游牧文化的同时，还具有浓郁的蒙古族帝王祭祀文化、蒙古族古代宫廷文化等特征，成为具有深厚蒙古族历史文化底蕴及鲜明自身特征的蒙古族文化中的瑰宝。

成吉思汗陵哈日苏勒德
（摄影：王卫东）

【第八章】

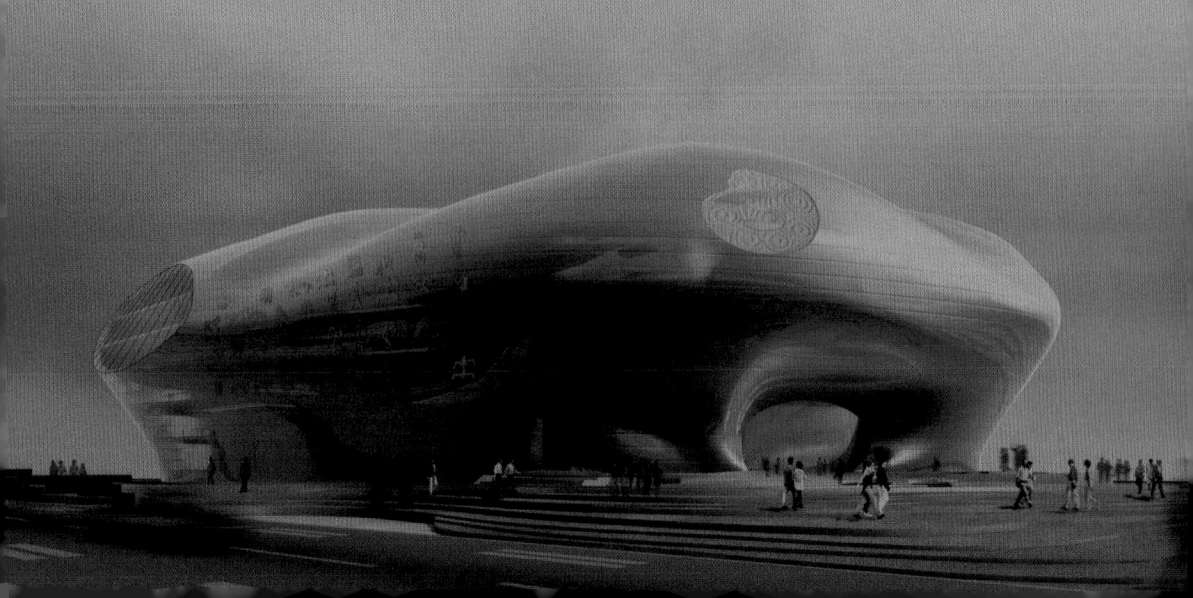

其他

桑志华

● 桑志华——最早踏上鄂尔多斯的外国著名古生物学家

桑志华（Emile Licent），法国天主教神父，博物馆学、地质古生物学家及中国北疆博物馆（今天津自然博物馆的前身）的创办人。桑志华从1914年便开始了对中国黄河流域的考察工作，1922年首次踏上古老的鄂尔多斯大地，并在萨拉乌苏流域采集到许多哺乳动物化石、人工打制石器和三件人类的股骨化石等，其中就包括被命名为"the ordos tooth"（鄂尔多斯人牙齿）的人类化石。这是中国境内发现的第一件有准确出土地点和地层记录的人类化石，也是第一批有可靠年代学依据的旧石器时代古人类遗存。这个发现在中国乃至整个远东地区古人类学及旧石器时代考古学研究史上均具有划时代的重大意义。

德日进

● 德日进——最早在鄂尔多斯从事古生物研究并最具知名度的古生物学家

德日进（Pierre Teilhard Charain），法国天主教神父、著名古生物学家。德日进虽然是一位神职人员，但更是一位思想超前、学识渊博的古生物学家。由于发表了许多与教会旨意不同的破解自然科学奥秘的意见，被法国教会发配到中国进行传教，正巧由于桑志华的重要发现而引发的科学考察需要一位得力的古生物专家主持，遂与桑志华联手，于1923年来到中国。首先参与了对萨拉乌苏等遗址的科学发掘工作，随后加盟了北京周口店等许多地区的考察研究工作，曾受聘担任中国地质调查所新生代研究室（今中国科学院古脊椎动物与古人类研究所的前身）顾问等职务，在这块充满诱惑力、吸引力的大地上一干就是23年。在这段时间里，他先后发表了140多篇文章和17部学术专著，大多是关于中国的第四纪地质、岩石、古脊椎动物、古人类和旧石器考古等方面的研究成果，不仅对中国古人类学、古生物学的发展起到了引路人和奠基人的作用，而且是研究成绩卓著、贡献涉及面最广的一位外国科学家。1965年，联合国教科文组织召开大会，同时纪念爱因斯坦和德日进这两位为人类进步做出巨大贡献的科学家和思想家，授予他"世界名人"称号，被誉为"继达尔文之后世界上最伟大的古生物学家"、"法国的达尔文"。

● 《中国旧石器时代》——中国第一部旧石器时代考古学研究报告

《中国旧石器时代》，1928年由法国世界著名旧石器考古学专家布日耶（Henry Breuil）、布勒（M. Boule）以及德日进（Pierre Teilhard Charáin）、桑志华（Emile Licent）编著并出版发行，这是中国第一部旧石器时代考古学研究报告，该报告主要基于1922年和1923年桑志华、德日进在鄂尔多斯萨拉乌苏遗址以及宁夏水洞沟遗址的发现而面世，研究者认为，萨拉乌苏遗址的年代相当于欧洲旧石器时代中期莫斯特（Mousterian）文化向旧石器时代晚期奥瑞纳（Aurignacian）文化的过渡时期，由石器的形状及其打制技术等方面反映出的文化特征，亦与欧洲莫斯特和奥瑞纳文化相同，并进一步指出："在亚洲大陆的正中心鄂尔多斯，我们处在这些工业产品（注，指鄂尔多斯人使用的石器）的一个大车间中，而这些工业的产品一点一点逐渐的通过连贯的发展阶段传播，一直传到遥远半岛（注，指法国）的尽头。……我们认为，亚洲像一个最老的人类工业的巨大的扩散中心"。诚如报告所言，萨拉乌苏遗址确实是中国旧石器时代考古学文化与西方旧石器时代考古学文

《中国旧石器时代》

化可进行精确对比的第一个遗址，时至今日仍旧是一个极具经典性的地区。

● **伊克昭盟文物工作站——鄂尔多斯历史上的第一个文物事业管理机构**

伊克昭盟文物工作站始建于1963年，不仅是鄂尔多斯地区历史上的第一个文物事业管理机构，也是内蒙古西部地区最早建立的盟市级文物单位。1966年"文化大革命"中文物站被撤销，1975年12月25日，在各级党政的大力关心和支持下，伊克昭盟文物工作站再次建立，在文教局属下办公，鄂尔多斯的文物事业恢复了正常的业务工作。

1979年，伊克昭盟文物工作站迎来了大发展的时期，不仅任命了文物站历史上的第一任站长，而且扩大了业务队伍，还开辟了自己独立的办公场所，鄂尔多斯的文物事业正式迈上了规范化的发展轨道。先后完成了鄂尔多斯历史上第一部文物资料专辑《鄂尔多斯文物考古文集》的编辑出版工作、鄂尔多斯历史上第一个文物通史陈列的展陈工作、历时八年的鄂尔多斯历史上首

伊克昭盟文物工作站

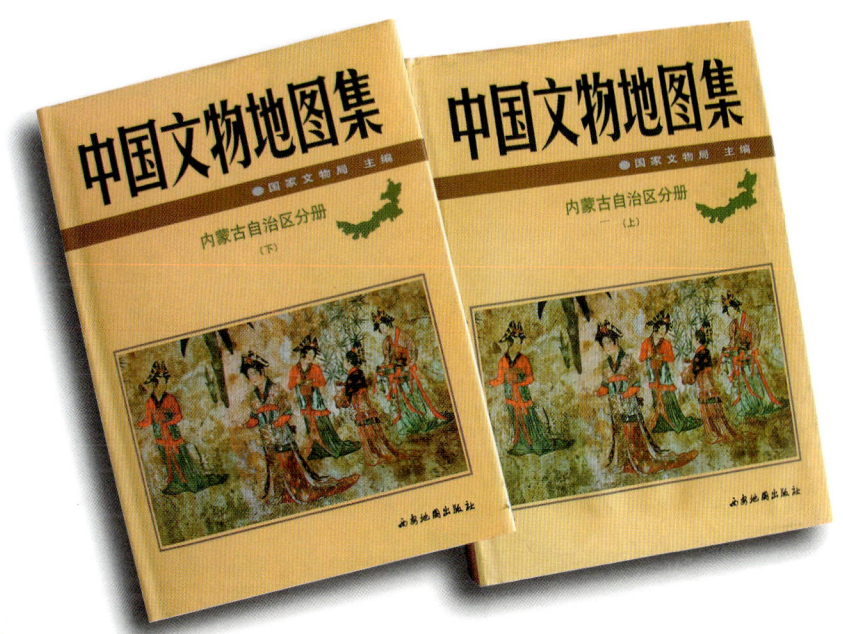

《中国文物地图集
内蒙古自治区分册》

次文物普查工作及《中国文物地图集·内蒙古自治区分册》（伊克昭盟部分）的编辑工作以及包括准格尔煤田在内的大量配合基本建设而开展的文物调查、钻探、发掘工作等，抢救了一大批珍贵的历史文化遗产，为旗区文管所培养了一批德才兼备的业务人员，不仅奠定了鄂尔多斯地区文物事业在自治区西部排头兵的位置，而且也为鄂尔多斯博物馆的顺利建设奠定了必备的基础。

1997年伊克昭盟机构改革，只保留与其合署办公的鄂尔多斯博物馆的建制，为鄂尔多斯地区的文博事业作出过重大贡献的伊克昭盟文物工作站，从此退出了历史的舞台。

● "鄂尔多斯文物陈列"——鄂尔多斯历史上的第一个通史文物陈列

1981年深秋，鄂尔多斯历史上的第一个古代史通史陈列"鄂尔多斯文物陈列"，在伊克昭盟文物工作站新落成的二楼陈列室正式向社会展出。该陈列由内蒙古自治区文物工作队（今内蒙古自治区文物考古研究所）郭素新设计，文物站自行制作完成。陈列共分"远古时期的鄂尔多斯"、"奴隶社会的鄂尔多斯"、"封建社会的鄂尔多斯"三大部分，展出文物约1000件（套）。这是鄂尔多斯

鄂尔多斯文物陈列开幕式

鄂尔多斯文物陈列

鄂尔多斯文物陈列

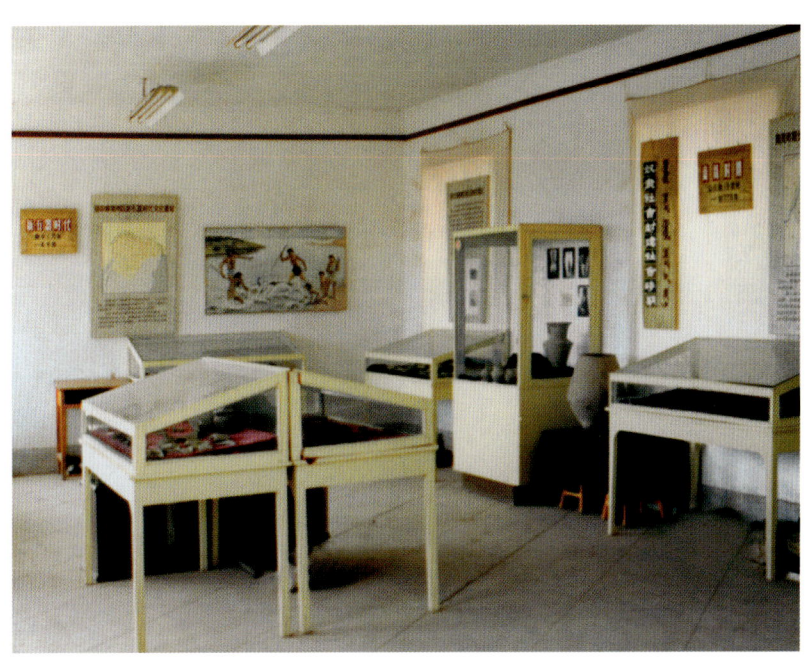

鄂尔多斯文物陈列

地区的广大观众第一次对文物、以及通过文物展示出的鄂尔多斯地区悠久的历史和灿烂的古代文化有了面对面的感性认识，特别是当人们通过这个展览了解到：6亿年前的鄂尔多斯曾是一片茫茫的古海，7000万年以前这里还是恐龙遍布的世界，看着6000年前人们使用的精美的石器和陶器，2000多年前的人们就已经在使用、而现代人还在使用的、形制几乎相同的铁犁铧等等时，无不惊愕不已，感慨万千。

伊克昭盟文物工作站举办的这次通史陈列，使社会对本地区的历史有了全新的了解，对鄂尔多斯古代文化在中华文明发展史中所据有

的重要地位有了全新的感悟，对博物馆以及博物馆事业在推动社会主义物质文明、精神文明建设，树立地区形象，扩大社会知名度等方面所发挥的巨大的"窗口"、"阵地"作用，有了前所未有的感受，为鄂尔多斯地区文物事业的飞速发展，以及鄂尔多斯博物馆的顺利建立和发展，发挥了不可估量的积极作用。

● 《鄂尔多斯文物考古文集》——鄂尔多斯第一部文物考古资料汇集

1981年8月由伊克昭盟文物工作站编辑出版，是鄂尔多斯历史上第一部文物考古文集。文集收集了涉及鄂尔多斯地区新中国成立以来

鄂尔多斯社会主义建设成就展

鄂尔多斯市资源

油料

油料年产0.8亿公斤

鄂尔多斯社会主义建设成就展厅一隅

《鄂尔多斯文物考古文集》

开展的各历史时期考古调查、发掘、近代革命史、民族史,以及利用考古发现来探讨沙漠变迁和治理等等多方位的研究成果,其中包括一大部分尚未发表的资料,首次为人们利用考古资料了解鲜为人知的鄂尔多斯远古历史,向广大人民群众进行历史唯物主义和爱国主义教育提供了前所未有的、宝贵的科学资料。

● **达拉特旗城圪梁汉墓清理发掘——由本地业务人员独立完成的首项考古发掘工作**

1982年夏天,达拉特旗城圪梁村农民在浇地时发现一座古墓,受内蒙古自治区文化厅和内蒙古自治区文物工作队(今内蒙古自治区文物考古研究所)委托,伊克昭盟文物工作站派业务人员王志浩、杨震、甄明等,前往现场进行抢救性清理发掘。这是一座早年被盗的汉代砖室墓,业务人员们按照科学的规范程序,对古墓进行了清理发掘,获得了包括陶仓、陶庄园模型等在内的一批珍贵的汉代文物。这是首次由鄂尔多斯的文物工作者独立完成的考古发掘工作,不仅科学地获取了一批汉代的墓葬资料,而且标志着鄂尔多斯的文物事业,迈入了一个新的发展阶段。

● 伊克昭盟文物普查——由本地业务人员完成的规模最大的一项业务工作

自1982年秋开始，为时八年的伊克昭盟文物普查工作，正式拉开了帷幕。这项工作是为了贯彻全国第二次文物普查工作的部署而开展的，也是鄂尔多斯历史上的首次文物普查工作。为了保证普查工作的质量，伊克昭盟文物工作站不仅业务副站长亲自带队，派出了全部业务人员，而且抽调旗（区）文管所的业务骨干，经集中培训后参与行动。在长达八年的文物普查工作中，普查队员们克服自然条件恶劣，生活条件艰苦，缺乏交通工具等重重困难，风餐露宿、跋山涉水，足迹遍布鄂尔多斯全境的9万平方公里土地，终于圆满完成了普查工作。共发现不同历史时期、不同类别的古人类文化遗址1000余处（可形成完整记录的），采集、征集文物及各类标本数万件。通过这次文物普查，不仅基本摸清了全盟境内不同历史时期的文物分布情况，初步建立起了本地区人类历史以来的不间断考古学文化时空框架，而且对各历史时期古

伊克昭盟文物普查陈列

伊克昭盟文物普查陈列

伊克昭盟文物普查陈列

人类的分布规律、文化面貌、社会发展进程、与周邻地区古人类的关系等等，有了较为深入、系统的了解。正是通过这次普查，人们才首次对鄂尔多斯地区的古代文化有了全新的认识，对鄂尔多斯地区的古代文化在中华文明的形成和发展过程中所发挥的巨大作用，有了全新的感悟，鄂尔多斯历史悠久、辉煌发达的古代文化在中华文明发展史中的地位，才逐渐冲破了厚厚尘埃的埋没，展示在世人面前。

鉴于在文物普查工作中所取得的出色成绩，内蒙古自治区文化厅给予伊克昭盟文物工作站"全区文物普查先进集体"的奖励，王志浩、高毅、杨泽蒙等一批业务人员同时获得"全区文物普查先进工作者"荣誉称号。

伊克昭盟文物普查陈列

● 《鄂尔多斯式青铜器》——我国第一部系统研究鄂尔多斯青铜器的专著

1984年文物出版社出版，由内蒙古自治区文物工作队（今内蒙古自治区文物考古研究所）研究员田广金、郭素新夫妇编著。

田广金、郭素新夫妇是辽宁省大连市人，20世纪60年代北京大学考古专业毕业，支边来到内蒙古。《鄂尔多斯式青铜器》凝聚了两位考古工作者十余年艰辛劳作的成果，在自己所收集的大量资料的基础上，参考国内外已发表的有关资料，在对"鄂尔多斯青铜器"进行系统分类、分期及各时期器物组合、文化特征等研究的基础上，对"鄂尔多斯青铜器"的命名、起源、族属等进行了科学论述，提出"鄂尔多斯式青铜器"的命名以及"鄂尔多斯式青铜器"应该起源于鄂尔多斯及周边地区的惊人论断，资料翔实，论证严谨，在国内外学术界均引起了极大的反响，掀起了自"鄂尔多斯青铜器"问世以来的第二次研究热潮，为

《鄂尔多斯式青铜器》

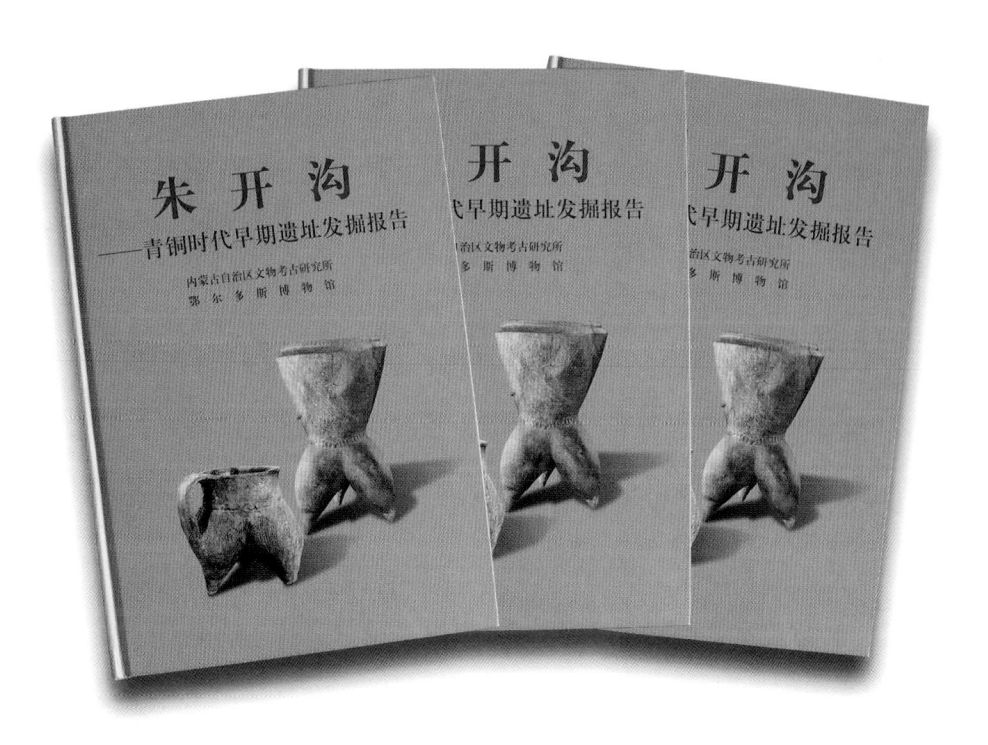

《朱开沟——青铜时代早期遗址发掘报告》

以后深入、系统的研究工作，奠定了雄厚的基础。它是我国第一部全面、系统地研究"鄂尔多斯青铜器"的考古学论著，时至今日，仍是一部极具权威性的科学专著。

● **《朱开沟——青铜时代早期遗址发掘报告》——第一部由鄂尔多斯的文物工作者执笔编撰的大型考古发掘报告**

由内蒙古自治区文物考古研究所、鄂尔多斯博物馆合著，鄂尔多斯博物馆副研究馆员杨泽蒙执笔完成，文物出版社2000年出版发行。报告不仅科学、翔实地公布了朱开沟遗址四次发掘的全部资料，而且从考古地层学与类型学的研究入手，结合其他学科的研究成果，对朱开沟遗址出土的全部遗迹、遗物做了细致入微的分析，对朱开沟文化的形成、发展、特征、经济形态、社会组织、社会发展阶段等进行了全方位的探讨和研究，资料翔实，论证严谨。该报告的问世，不仅对研究鄂尔多斯地区青铜时代历史提供了无以替代的珍贵资料，同时，它的研究成果对于继之开展的各项研究工作，均具有重要的参考与借鉴价值。该书不仅是鄂尔多斯历史上第一部由本地的文物工作者执笔编撰的大型考古发掘报告，同时也是自治区第一部由盟市级业务人员执笔编撰的大型考古发掘报告。

● 《鄂尔多斯文物考古文集》（第二辑）

由鄂尔多斯博物馆馆长、文博研究馆员王志浩主编，2004年远方出版社出版发行。该书汇集了自1981年《鄂尔多斯文物考古文集》发行以来，区内、外专家、学者在各类专业刊物上发表的、涉及鄂尔多斯地区历史、文化、人地关系等领域的论文、考古发掘报告和简报、鄂尔多斯各级重点文物保护单位简介等76篇，约140万字，为人们系统地了解鄂尔多斯地区考古学领域的最新动态及研究成果，全面揭示自旧石器时代晚期以来鄂尔多斯的历史面貌、社会发展历程、古地理、古气候的发展演化等，提供了便捷的科学资料汇编。该文集先后荣获内蒙古自治区文物博物馆学会2005年度三等奖、鄂尔多斯市社会科学联合会2006年度一等奖。

《鄂尔多斯文物考古文集》（第二辑）

《鄂尔多斯青铜器》

● 《鄂尔多斯青铜器》——第一部全面展现鄂尔多斯青铜器的大型图录

2006年8月，鄂尔多斯青铜器博物馆隆重推出"鄂尔多斯青铜器"展览的同时，编辑出版了大型图录《鄂尔多斯青铜器》。该图录由王志浩、杨泽蒙主编，杨泽蒙编辑并撰文，孔群等摄影，文物出版社出版发行。该书收录了本次展出的全部展品，其中除鄂尔多斯博物馆的镇馆精品外，还包括特意向内蒙古博物馆、内蒙古自治区文物考古研究所等单位借展的部分精品，许多展品是第一次公开面世，是国内规模最大、数量最多、品种最全、档次最高的一次鄂尔多斯青铜器的大展示。另外，该书还附有3万余字鄂尔多斯历史梗概及系统介绍鄂尔多斯青铜器的文章。该书内容丰富、图文并茂，装帧精美，全面、系统、形象地展示了享誉海内外的"鄂尔多斯青铜器"独特的文化内涵和艺术风格、优美的造型和复杂巧妙的图案构思，以及它深厚的文化底蕴和深邃历史背景等，雅俗共赏，适于不同层次读者的观赏与需求。

● 鄂尔多斯博物馆——鄂尔多斯第一座综合博物馆

鄂尔多斯博物馆是集鄂尔多斯

鄂尔多斯博物馆

地区历史与文化的收藏、展示及研究于一体的综合性博物馆。其前身为始建于1963年的伊克昭盟文物工作站，1983年1月，鄂尔多斯博物馆挂牌成立，与伊克昭盟文物工作站合署办公，1989年馆建竣工并开始展出，是内蒙古西部地区最早建立的地区级综合博物馆。博物馆建筑面积约6000平方米，展厅面积近3000平方米。

鄂尔多斯博物馆馆藏文物约8000余件（套），以著名的"河套人及其文化"、乌仁都希岩画、"朱开沟文化"、"鄂尔多斯青铜器"——匈奴文化，以及鲜卑、党项和蒙古等中国北方民族文化最具特征。鄂尔多斯博物馆的常规展览有"鄂尔多斯文

物珍品展"、"鄂尔多斯青铜器展"、"鄂尔多斯草原文化展"等,它们分别以精美的展品和新颖的陈列手段,向世人展示了鄂尔多斯地区自36亿年前的远古时期以来的历史沧桑变幻和人类社会的发展进程;享誉海内外的鄂尔多斯青铜器的发生、发展和在人类社会发展史上的突出贡献;以及守护一代天骄——成吉思汗近800年的、鄂尔多斯蒙古族的历

鄂尔多斯草原文化展

鄂尔多斯草原文化展

鄂尔多斯文物珍品展

史和文化精髓。鄂尔多斯博物馆的藏品多次赴北京、上海、香港、台湾等地区以及美国、加拿大、法国、日本等国家展览，受到中外广大学者和观众的赞誉和青睐。鄂尔多斯博物馆每年还平均举办近十个各类临时性展览，在充分发挥窗口、阵地作用，推动社会主义"两个文明"建设，丰富社会文化生活等方面，发挥了积极的作用，先后被命名为全国文物系统先进集体、全国优秀爱国主义教育基地及自治区级、市级爱国主义教育基地，多次受到了各级政府部门的表彰。

鄂尔多斯博物馆具有一支年轻化、专业化的业务队伍，整体学术水平较高，特别是在历史文物、民族文物及近现代文物研究领域颇有建树。编著或参与编著的学术专著有《鄂尔多斯文物考古文集》（第一、二辑）、《成吉思汗研究论文集》、《朱开沟——青铜时代早期遗址发掘报告》、《岱海考古（二）——中日岱海地区考察研究报告集》、《庙子沟与大坝沟——新石器时代遗址发掘报告》、《鄂尔多斯青铜器》、《鄂尔多斯

鄂尔多斯文物珍品展

博览》《可爱的鄂尔多斯》(上、下)、《鄂尔多斯草原文化》、《鄂尔多斯历史与文化》、《草原圣地鄂尔多斯》、《桑杰道尔吉及其诗集》、《内蒙古革命老区》等。另外,还在自治区以上级专业刊物发表业务文章数十篇,为探索和复原鄂尔多斯的古代历史和文化,弘扬鄂尔多斯民族文化,作出了积极的贡献。鄂尔多斯博物馆在自治区文博系统中首家开通"鄂尔多斯博物馆网站",并积极着手数字化博物馆的开办工作,在互联网上向世界展示鄂尔多斯悠久的历史、灿烂的文化和本地区文博事业的发展概况,加强馆际间的信息传递和学术交流。鄂尔多斯博物馆也是自治区盟(市)级博物馆中首家开展馆藏文物微机化管理的单位,使鄂尔多斯地区的文物管理数据化工作,步入国内先进水平的行列。

2006年5月,建筑面积4万余平方米的鄂尔多斯博物馆新馆舍在康巴什新区破土动工,同年,原馆舍被辟为鄂尔多斯青铜器博物馆。

《岱海考古(二)——中日岱海地区考察研究报告集》

鄂尔多斯博物馆新馆效果图

鄂尔多斯史海钩沉

● 鄂尔多斯青铜器博物馆——全国第一座鄂尔多斯青铜器专题博物馆

鉴于内蒙古自治区博物馆事业的整体发展战略以及鄂尔多斯地区的文物资源优势，鄂尔多斯市委、市政府决定设立"鄂尔多斯青铜器"专题博物馆。2006年5月，鄂尔多斯博物馆新馆舍在鄂尔多斯市政府所在地康巴什新区破土动工，经维修扩建后的鄂尔多斯博物馆旧馆址，正式命名为"鄂尔多斯青铜器博物馆"。

鄂尔多斯青铜器博物馆外景

鄂尔多斯青铜器展展厅

第八章 其他

鄂尔多斯史海钩沉

鄂尔多斯青铜器展展厅

　　鄂尔多斯青铜器博物馆成立后，适逢鄂尔多斯市承办内蒙古自治区"两个文明建设经验交流会"和"中国·内蒙古第三届国际草原文化届"暨"首届鄂尔多斯国际文化节"，为向国内外客人全面展示鄂尔多斯悠久的历史和灿烂的古代文化，鄂尔多斯青铜器博物馆经过近半年的紧张筹备，于"一会两节"前隆重推出了"鄂尔多斯青铜器展"，鄂尔多斯青铜器博物馆以崭新的身姿迎来了广大中外嘉宾的光临。

　　走进"鄂尔多斯青铜器展"展览

大厅，使观众不仅仅是一次古老文化积淀的品味，同时也是一种现代文明的享受。展览开放以来，一直实行全员免费参观，共接待了十万余中外观众，精美的展品，良好的展出环境和优质的服务，受到了社会各界的高度赞誉。

鄂尔多斯青铜器展展厅

● 查布恐龙博物馆——国内第一座乡（苏木）恐龙博物馆

位于鄂托克旗查布苏木，创建于1999年，是国内第一座乡（苏木）恐龙博物馆。2002年8月8日，由苏木政府和相关部门投资，展厅面积近400平方米的新馆落成，正式对外展出。查布苏木位于鄂尔多斯高原西南部，特殊的地理位置和自然气候，使这里蕴藏有丰富的古生物化石和人类历史文化遗存，尤以中生代各类鱼化石和数量众多、形态各异的恐龙足迹、尾迹印痕化石而享誉中外。我国及美国、加拿大、比利时、日本等国的古生物专家和学者曾多次来查布进行考察，收获颇丰，许多重要的发现，在我国及世界古生物研究领域尚占有十分重要的地位，而且，据初步研究可知，尚待开发的研究领域还十分广阔，前景无量。另外，查布恐龙博物馆的诞生，也为完善本地历史、人文、自然一条龙旅游景观，增加了一个熠熠生辉的高品位闪光点。

查布恐龙博物馆展厅

第八章 其他

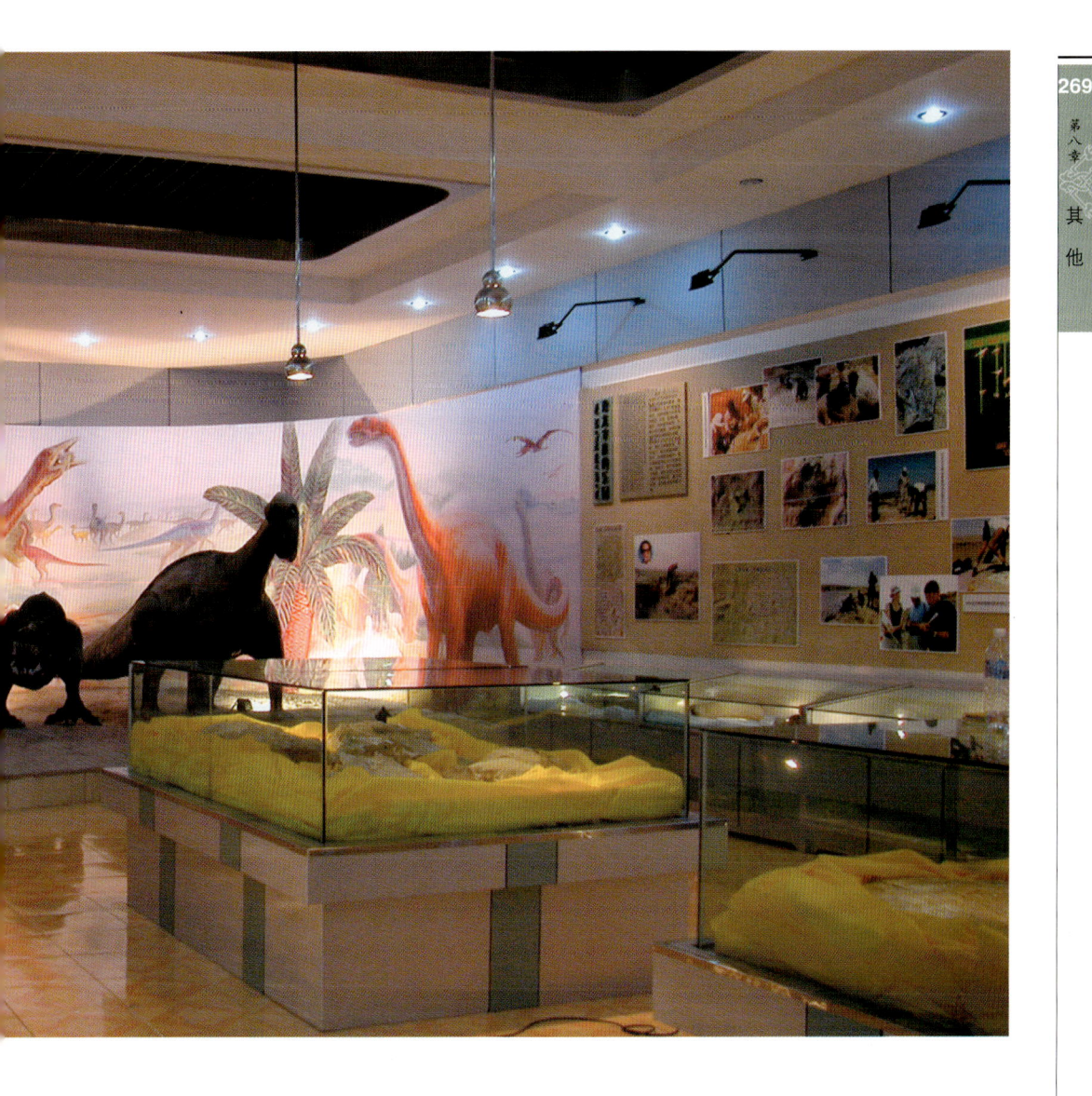

鄂尔多斯史海钩沉

◉ 蒙古历史文化博物馆——鄂尔多斯第一座民办专题博物馆

位于成吉思汗陵旅游区内,隶属于东联集团,是鄂尔多斯市第一家由民营企业投资兴建的博物馆。始建于2003年,2005年5月开始对外展出,是国内唯一专题性收藏、研究、展示蒙古族历史与文化的大型综合性博物馆。博物馆建筑面积5800平方米,设计独具匠心,平面形制为蒙古文"汗"字的造型,馆内目

以蒙文"汗"字为造型的蒙古历史文化博物馆

蒙古历史文化博物馆内景（摄影：杨勇）

前收藏和展示的有206米长的巨型蒙古历史长卷油画以及反映蒙古族历史、文化、生产、生活等各个领域的文物精品千余件（套），其中蒙元时期的一组兵器、蒙古汗国时期的铜火炮、姑姑冠（贵妇之帽）、女奴顶灯石雕像、錾耳金杯、织绵袍服、文字石刻，清代的鄂尔多斯妇女头饰、蒙药包和药袋、龙柄马头琴等均为极其珍贵的文物珍品。特别是不同时代、不同质地、不同工艺、不同用途的206副马鞍，不仅时代跨度大，类别齐全，制作工艺高超，而且王爷鞍、福晋鞍、萨满鞍、喇嘛鞍、生活鞍、牧放鞍、狩猎鞍、仪礼鞍等一应俱全，是目前国内外收集蒙古式马鞍最多、最全、最珍贵的博物馆。

鄂尔多斯史海钩沉

内蒙古鄂托克旗野外地质遗迹博物馆（摄影：巴特尔）

● 内蒙古鄂托克旗野外地质遗迹博物馆——内蒙古首家野外地质恐龙遗迹博物馆

位于鄂托克旗查布恐龙遗迹化石自然保护区内，是内蒙古首家野外地质恐龙遗迹博物馆。2006年8月，当地有关部门在保护区内恐龙足迹分布最密集的8号地点，采取就地建馆、就地保护的办法建设而成，占地面积800平方米。博物馆外形为仿岩层结构的混凝土墙体，内部采用钢架支柱结构，里层和顶板用塑钢板铺设。馆内共保存有兽脚类及蜥脚类恐龙足迹化石360多枚，既有食草类恐龙的大型足迹印痕，也有罕见的似龙鸟类等食肉恐龙的足迹印痕，此外，还保存有世界上最重的和跑得最快的恐龙足迹印痕。在一个相对狭小的范围内，同时拥有如此众多不同种类的恐龙足迹印痕实属罕见，因此，吸引了大量国内外科学家及观众专程前来参观考察。

● **秦直道博物馆——我国第一座秦直道专题博物馆**

秦直道博物馆位于东胜区城梁村秦直道遗址东侧,由入口门景、展览区、景观区等构成。入口门景包括一个占地面积为2600平方米的广场和一个高22、宽62米的仿秦式大门,大门的右侧建有一个高12米的烽火台和一架重达10吨的仿秦式铜马车,十分壮观。在大门的两边内侧建有秦直道历史遗迹陈列馆,此外,还有观景台、秦王行宫区、兵营区和驿站区等景观区。

● **成吉思汗研究院——中国第一个专题研究成吉思汗的研究机构**

其前身为成吉思汗研究所,创建于1989年,创建之初归属伊克昭盟(今鄂尔多斯市)民族事务委员会管辖,1997年归属鄂尔多斯市文化局,2003年划归鄂尔多斯市成吉思汗陵旅游区管理委员会管辖,2007年更名为成吉思汗研究院。成吉思汗研究院下属两个社会团体,分别为"成吉思汗基金会"和"成吉思汗研究学会",致力于从历史、文化、民族、军事、外交等方面对成吉思汗及蒙古史进行全方位、多层次的研究。

秦直道博物馆

中加恐龙考察活动工作照

先后出版、发表论著、论文60余部（篇），主要有《成吉思汗论文集》（蒙、汉文版）、《成吉思汗祭奠》（蒙、汉文版）、《千年伟人成吉思汗》、《成吉思汗史论集》、《成吉思汗金书》、《八白宫》、《八白宫与鄂尔多斯人》等。

● **中加恐龙考察——鄂尔多斯业务人员参与的第一次中外合作古生物考察**

1986～1990年的中国、加拿大恐龙考察，是近二十年来国家间联合考察恐龙收效最好的一次，考察的目的主要是追寻亚洲与北美恐龙动物群之间的交流路线以及建立含恐龙化石的地层之间洲际对比关系。五年来，中加联合恐龙考察团在中国一侧先后在准噶尔盆地、鄂尔多斯盆地和阿拉善戈壁进行了系统的调查和发掘，涉及的地层从中侏罗统到上白垩统，采集的化石几乎涵盖所有的古脊椎动物门类，恐龙类有十三个新属种被记述。鄂尔多斯博物馆副馆长高毅应邀参加了1986年度在鄂尔多斯的全程考察，中国鸟脚龙化石等的发现，便是这次考察活动中获得的最珍贵的标本之一。

● 纪念"河套人"发现80周年学术座谈会

2003年12月，由鄂尔多斯文化局、乌审旗人民政府、鄂尔多斯博物馆联合举办的"纪念'河套人'发现80周年学术座谈会"在乌审旗召开，来自中国科学院古脊椎动物与古人类研究所、中国科学院寒区旱区环境与工程研究所及内蒙古自治区文物局、考古研究所、博物馆等单位的专家和学者参加了会议。会上，以董光荣先生为代表的地质学科和以黄慰文先生为代表的古人类学科，首次就长期争论不休的关于萨拉乌苏组地质年代的问题，基本达成共识。也就是说，过去很长一段时间内人们认为"河套人"生存于距今3.5万年左右的、全球末次冰期（玉木冰期）中某一暖期的传统看法，将被全新的"河套人"生存于距今不晚于7万年前里斯—玉木间冰期的认识所取代。也正是通过这次会议，人们对萨拉乌苏遗址有了进一步全方位的

"纪念'河套人'发现80周年学术座谈会"会场

参加"纪念'河套人'发现80周年学术座谈会"的代表在现场考察

了解，特别是萨拉乌苏遗址中所包含的有关东西文化交流的现象，以及"河套人"在亚洲现代人直接祖先的显赫地位等。另外，伴随学科的发展，人们也逐渐认识到，已很难将萨拉乌苏与水洞沟这两个在文化面貌上异性大于共性，且彼此在年代上相距数万年之遥的古人类遗存，再统归在一个"河套文化"之下。鉴于人们对传统的"河套人"及其河套文化的认识，即将有一个近似于脱胎换骨的转变；鉴于在国内传统称谓的这个"河套人"，其最初发现时的命名其实为"鄂尔多斯人"，而且这个称谓也一直作为它的正式学名被国际学术界所通用，因此，有专家建议，应该按照学术界的惯例，把"河套人"正名为最初命名的"鄂尔多斯人"，并由此引发广泛的讨论。本次会议极大地推动了萨拉乌苏遗址的保护和研究工作向更深层次的发展。

● 中国·秦直道与草原文化研讨会

2005年7月，由内蒙古自治区文化厅、中国秦汉史研究会、鄂尔多斯市市委、市人民政府及东胜区委、区人民政府主办的"中国·秦直道与草原文化研讨会"在东胜召开，来自区内外的30多位专家学者参加了研讨会，并赴秦直道遗迹实地进行了考察。研讨会上，各位专家、学者各抒己见，畅所欲言，就秦直道的走向、建造、定位、历史作用、保护措施等等，进行了广泛的交流，并形成了《关于秦直道遗址鄂尔多斯段的评价意见书》、《关于加强对秦直道遗址鄂尔多斯段研究与保护的建议书》两项重要成果。这次研讨会的成功举办，对于祖国珍贵历史文化遗产、世界第一条高速公路——秦直道的进一步保护和研究工作，发挥了积极的推进作用。

中国·秦直道与草原文化研讨会

● 鄂尔多斯萨拉乌苏遗址国际学术研讨会

2006年8月，由中国科学院古脊椎动物与古人类研究所、中国科学院寒区旱区环境与工程研究所、内蒙古自治区文化厅、鄂尔多斯市人民政府联合主办的"鄂尔多斯萨拉乌苏遗址国际学术研讨会"，在乌审旗隆重召开。包括中国科学院院士、地质学家刘东生，古人类学专家吴新智等在内的来自中国和美、法、英、瑞士、韩国、印度尼西亚等国的100多位古人类学、旧石器时代考古学、第四纪地质学、博物馆学以及其他相关学科的专家学者齐聚萨拉乌苏河畔，就萨拉乌苏遗址的地层、年代与环境、"鄂尔多斯人（河套人）"的体质特征、旧石器文化、萨拉乌苏动物群等多个课题，进行了广泛的讨论。这是鄂尔多斯历史上举办的首届国际学术研讨会，不仅在本地区古人类学、旧石器时代考古学、古生物学、古地质学、古气候学的研究史上，具有里程碑的意义，同时对于推进"文化大市"方略的实施，提升鄂尔多斯地区形象等，均具有非同寻常的意义。

"鄂尔多斯萨拉乌苏遗址国际学术研讨会"会场

参加"鄂尔多斯萨拉乌苏遗址国际学术研讨会"代表考察萨拉乌苏遗址（图片提供：白庆元）

刘东生院士等考察发掘现场（图片提供：白庆元）